U0505013

教师的语言

如何说孩子才愿意学

原书第2版

[美] 彼得·约翰斯顿 （Peter Johnston） 著

褚颖 译

How Our Language Affects Children's Learning
Second Edition

机械工业出版社
CHINA MACHINE PRESS

本书第 1 版问世多年来，迅速成为深受读者喜爱的畅销书。无数教育工作者和他们的学生都受到了这本书的影响。作者在书中举例说明了一些看似普通的单词、短语和语句用法，但它们在课堂教学中却起着举足轻重的作用。本书以研究和课堂实践为基础，展示了我们如何说（和不说）以及说什么是怎样对孩子们产生惊人的影响的。本书认为，教师的语言是影响孩子学习和创建课堂社区最有力的工具。本书在第 1 版的基础上，更新了各章的研究内容和课堂实例，并新增了关于情绪与社交和思维方式的章节。对于那些希望用自己的语言帮助孩子们获得读写能力，并以新的方式看待世界、同伴和自己的教师来说，本书将会给他们带来启迪。

Choice Words: How Our Language Affects Children's Learning, Second Edition/by Peter Johnston/ ISBN: 9781625316479

Copyright©2024, Peter Johnston.

Authorized translation from English language edition published by Routledge, part of Taylor & Francis Group LLC; All rights reserved; 本书原版由 Taylor & Francis 出版集团旗下 Routledge 出版公司出版，并经其授权翻译出版，版权所有，侵权必究。

China Machine Press is authorized to publish and distribute exclusively the Chinese (Simplified Characters) language edition. This edition is authorized for sale in the Chinese mainland (excluding Hong Kong SAR, Macao SAR and Taiwan). No part of the publication may be reproduced or distributed by any means, or stored in a database or retrieval system, without the prior written permission of the publisher. 本书中文简体翻译版授权机械工业出版社在中国大陆（不包括香港、澳门特别行政区及台湾地区）出版与发行。未经出版者书面许可，不得以任何方式复制或发行本书的任何部分。

Copies of this book sold without a Taylor & Francis sticker on the cover are unauthorized and illegal. 本书封面贴有 Taylor & Francis 公司防伪标签，无标签者不得销售。

北京市版权局著作权合同登记　图字：01-2024-4604 号。

图书在版编目（CIP）数据

教师的语言：如何说孩子才愿意学：原书第 2 版 / （美）彼得·约翰斯顿（Peter Johnston）著；褚颖译 . 北京：机械工业出版社，2025. 5. -- ISBN 978-7-111 -78194-3

Ⅰ . G42

中国国家版本馆 CIP 数据核字第 2025XA9007 号

机械工业出版社（北京市百万庄大街22号　邮政编码100037）
策划编辑：坚喜斌　　　　　责任编辑：坚喜斌　章承林
责任校对：蔡健伟　陈　越　　责任印制：任维东
唐山楠萍印务有限公司印刷
2025年7月第1版第1次印刷
145mm×210mm · 6印张 · 1插页 · 112千字
标准书号：ISBN 978-7-111-78194-3
定价：59.00元

电话服务　　　　　　　　　网络服务
客服电话：010-88361066　　机 工 官 网：www.cmpbook.com
　　　　　010-88379833　　机 工 官 博：weibo. com/cmp1952
　　　　　010-68326294　　金　书　网：www.golden-book.com
封底无防伪标均为盗版　机工教育服务网：www.cmpedu.com

本书赞誉

在错综复杂的学校生活中，每位教师都需要一座灯塔，以便他们在瞬息万变的决策中保持方向，因为这些决策对每位学生的生命都有深远影响。彼得·约翰斯顿（Peter Johnston）的《教师的语言：如何说孩子才愿意学》（原书第 2 版）（*Choice Words: How Our Language Affects Children's Learning*）就如同一座灯塔，不容错过。这本书与其他同类书籍不同，彼得清晰地解释了为什么学习能力和社交、情绪、思维、同步发展是发展学生读写素养的关键要素之一，以及不这样做会有什么后果。他通过许多简单易懂的新例子，展示了如何轻松地将有意识的语言选择融入自己的教学实践中，从而造福所有的孩子。彼得的这部精彩新作将改变你的职业生涯，甚至可能还会改变你的个人生活，这种改变将贯穿始终。

——凯西·尚波（Kathy Champeau），阅读专家、读写顾问、
教师和学生的支持者

彼得写道："我们一旦开始注意到某些事情，便难以忽视它们。"他真是说到了点子上。你一旦读到关于教师语言重要性的内容，此生便无法忘怀这些榜样。《教师的语言：如何说孩子才愿意学》（原

书第 2 版）非常有影响力，约翰斯顿博士在书中深入探讨了教师的语言表达与学生的心态发展之间的关系，令人过目不忘。无论你是初次接触这本书，还是之前读过第 1 版，第 2 版都是必读之作。

——霍莉·普拉斯特（Holly Prast），金伯利区学区副总监

彼得·约翰斯顿的开创性著作《教师的语言：如何说孩子才愿意学》出版 20 年后，教师和学生的课堂用语仍然是个大问题！在人们期待已久的第 2 版中，约翰斯顿引导新老读者关注、列举并考虑课堂语言模式的重要性，这些模式要能够培养孩子的能动性和成长型思维，并最终使孩子能够参与到公正、民主的社会生活中去。"语言是我们职业的核心工具"，他说得没错。通过这本书，约翰斯顿为教育者提供了一种变革性的学徒式指导模式，这源于他数十年对课堂互动促进人类成长的研究。第 2 版中约翰斯顿特别强调了反偏见、反种族主义教学和社会情感学习。每章结尾还附有实用的"补充材料"，供读者进一步学习和应用。

——安妮·沃德（Annie Ward），
《从奋斗到蓬勃发展》（*From Striving to Thriving*）
和《干预重塑》（*Intervention Reinvention*）的合著者之一

在我为教育者推荐的专业书籍列表中，《教师的语言：如何说孩子才愿意学》名列前茅。令人开心的是，第 2 版仍然排名靠前。有时候，人们会怀疑一本佳作是否有必要出第 2 版，对这本书，我十分确定有必要！彼得·约翰斯顿洞悉并阐明了语言在教学和学习中的力量，教育在很大程度上就是我们说了什么、做了什么。但我们常

常只关注具体的教学，而忽视了语言表达对孩子在课堂内外生活中的改变有多重要。约翰斯顿对语言的挖掘之深入，令人惊叹。他仔细聆听孩子们说的话，仿佛透过一个语言的万花筒，观察其复杂多变的模式——如此微妙、如此精确、如此有力。虽然内容基于坚实且长期的研究，但这本书并不只有理论，它也非常实用，教育者可以轻松上手。《教师的语言：如何说孩子才愿意学》（原书第 2 版）提供了丰富的理念、方法和案例，所有这些根植于深思熟虑之中，旨在培养能干、主动的孩子。第一次读这本书时，它永远地改变了我作为教师甚至作为母亲的生活。我非常喜欢这本书，就像读第 1 版一样，我也会反复阅读这个新版本。希望你也会这样做，我猜你肯定是这样做的。阅读愉快！

——斯蒂芬妮·哈维（Stephanie Harvey），《工作策略》（*Strategies That Work*）、《从奋斗到蓬勃发展》（*From Striving to Thriving*）和《理解工具包》（*The Comprehension Toolkit*）

的作者 / 合著者

棍棒和石头或许能打断我的骨头

"棍棒和石头或许能打断我的骨头，
但言语永远无法伤害我半分。"
对此我曾深信不疑，
真理怎会弃我而去。

但如今我才知道，事实并非如此。
所以我已修改了后面半句。
棍棒和石头或许能打断骨头，
言语却能伤透人心。

棍棒和石头或许能打断骨头，
却能让精神完整。
然而简单的言语却能让人心碎，
或在沉默中，真情凋零。

赫布·沃伦（Herb Warren）

致那些了不起的教师们，
谢谢你们让我有机会向你们学习。

序　言

《教师的语言：如何说孩子才愿意学》（原书第 2 版）是一部探讨语言影响力的著作，涵盖了积极语言和消极语言两方面。语言始终蕴含着力量，它们可以驾驭、分享，甚至转让权力。慎重选择措辞既是一种挑战，也是一种特权。尤其对于教师而言，他们的语言肩负着重大责任和影响，因为教师拥有塑造课堂对话的影响力。对于托付到我们手中的学生，我们有能力为他们塑造机会、身份和未来。语言是构建"排他性"和"归属感"的工具，它们可以将学生推到课堂的边缘，也可以邀请他们走向课堂的中心。语言可以成为排斥他人的工具，将学生边缘化——这就是排他性；也可以成为包容的工具，促进那种至关重要的个人自主性和集体公平，这就是归属感。

《教师的语言：如何说孩子才愿意学》（原书第 2 版）保留了第 1 版中的许多精华，包括教师需谨慎选用措辞这一核心理念。在此基础上，彼得和许多曾与他一起工作的教师一起，提供了丰富多彩的例子，来拓展和深化这些问题和见解的范围与细微差别。这为我们在这一重要责任上点燃个人和集体的火焰增添了更多燃料。

在阅读第 2 版时，我回想起自己多年来为促进学生在理解和学习方面的成长所做的努力。为什么会有这样的感触呢？因为课堂对话一直是推动理解和获取知识的驱动力。我不禁希望能够回到 20 世纪 70 年代初，重新开始。原因在于，我们非常清楚如何围绕所要推广的理念来构建对话，却没有确保课堂对话能如本书所描述的那样促进个人自主性和集体公平。我们当时相当幼稚肤浅，没有注意到这一点，否则一定会有更好的德育和教学效果。不过我相信，即使我没做到，一定有人能够做到。

《教师的语言：如何说孩子才愿意学》（原书第 1 版）成为畅销书，十分难得。一本专业书籍之所以大受欢迎，是因为它触动了许多教师的内心，使他们意识到自己的课堂对话未能有效促进公平与学习。我坚信，第 2 版将感动更多人，帮助更多教师营造健康、公平、充满活力的课堂，同等重视教学效果的提升和学生能动性的培养。让我们一同打开这本书，享受阅读并从中学习。更值得期待的是，让我们与志同道合的同事们一起阅读和讨论，学会使用那些能够带来归属感的语言。

加利福尼亚大学伯克利分校
教育研究生院
艾芙琳·洛伊斯·考瑞（Evelyn Lois Corey）荣休教授
P. 戴维·皮尔森（P.David Pearson）致敬

致　谢

这本书由来已久。迈克尔·普雷斯利（Michael Pressley）和迪克·阿林顿（Dick Allington）着手开展了一个项目，旨在研究"杰出教师"，该项目是国家英语学习与成就研究中心（CELA）的一部分，正因为这个项目，才有了本书的第 1 版。我与迪克已经合作了 23 年，对他怀有深深的感激之情。我还要感谢中心的联合主任亚瑟·艾坡比（Arthur Applebee）（很遗憾，已去世）和朱迪思·朗格（Judith Langer），以及他们出色的支持团队，特别是玛丽·墨菲（Mary Murphy）和珍妮特·安杰利斯（Janet Angelis）。项目的资金由 CELA 提供，由美国教育研究与改进办公室（现在是教育科学研究所）管理的研发中心计划（资助号码 R305A6005）拨款。我还要感谢其他参与初始项目的 CELA 研究人员，包括盖伊·艾维（Gay Ivey）、莱斯利·莫罗（Leslie Morrow）、露丝·沃顿 – 麦克唐纳（Ruth Wharton-McDonald）、南希·法南（Nancy Farnan）、玛西·考克斯（Marcie Cox）、海伦·福斯特·詹姆斯（Helen Foster James），以及当时的研究助理金·布思罗伊德（Kim Boothroyd）、格雷格·布鲁克斯（Greg Brooks）、梅丽莎·塞德诺（Melissa Cedeno）、约翰·克罗宁（John Cronin）、珍妮·波拉克·戴（Jeni Pollack Day）、苏珊·莱登（Susan Leyden）、史蒂文·鲍尔斯（Steven Powers）、让·维尔特玛（Jean Veltema）和黑利·伍德赛德－杰隆（Haley Woodside-Jiron）。我还要感谢参与该研究的教师们，特别是琼·贝克尔（Joan Backer）和特蕾西·本内特（Tracy Bennett）。

对那些了不起的教师们，我的感激无以言表。他们允许我和我的同事们进入他们的课堂，记录他们的教学实践。自本书的第 1 版以来，我花了相当多的时间向以下教师学习：苏西·阿尔索夫（Susie Althof）、杰拉琳·约翰逊（Jeralyn Johnson）、佩金·詹森（Pegeen Jensen）、安德莉亚·哈特维格（Andrea Hartwig）、萨拉·赫尔默（Sarah Helmer）、梅里·科马尔（Merry Komar）、塔拉·克鲁格（Tara Krueger）、劳里·麦卡锡（Laurie McCarthy）、布莱恩·伦德斯特龙（Brian Lundstrom）和埃米·福克纳（Amy Faulkner）。这些教师和他们的学生向我展示了教学天才的不同面貌和声音。我希望本书能够恰如其分地展现他们卓越的日常工作。

此外，在过去 20 年里，我在奥尔巴尼大学和一群优秀的同事共事，他们支持着我的工作，如吉姆·科林斯（Jim Collins）、谢里尔·多齐尔（Cheryl Dozier）、凯洛尼·邓斯莫尔（KaiLonnie Dunsmore）等。退休后，我的主要合作伙伴是凯西·尚波（Kathy Champeau）和盖伊·艾维（Gay Ivey），我对他俩感激不尽。此外，我还要感谢玛丽·克莱（Marie Clay）、玛丽亚·尼科尔斯（Maria Nichols）和凯蒂·伍德·雷（Katie Wood Ray）在思想上对我的启发。

本书中引用了大量材料，在此也感谢出版商给予的许可，包括美国心理学会（American Psychological Association）、吉尔福德（Guilford）出版社、海曼（Heinemann）出版社、斯坦豪斯（Stenhouse）出版社和教师学院（Teachers College）出版社。特别感谢能将得到授权转载的赫布·沃伦的诗作作为前言。

斯坦豪斯出版社——现在属于劳特利奇（Routledge）出版社——的工作人员多年来提供了各种支持，最初由菲利帕·斯特拉顿（Philippa Stratton）决定出版《教师的语言》，尽管她对销量并不乐观，但仍坚持认为本书值得出版。对于新版本，我要感谢比尔·瓦纳（Bill Varner），是他催促我写出了第2版。感谢我的编辑卡西娅·韦德金德（Kassia Wedekind）。感谢斯蒂芬妮·罗思（Stefani Roth）和汤姆·贝德福德（Tom Bedford）。还要感谢一位匿名审阅者。

在整个写作过程中，我的家人一如既往地支持我，包括蒂娜、尼古拉斯、艾米莉和萨曼莎。我必须向他们道歉，因为我知道什么样的语言最有效，却常常并未在与他们交流时使用。我做得不够好，希望他们原谅。

第 2 版前言

　　20 年前,《教师的语言:如何说孩子才愿意学》第 1 版出版。自此之后,我不仅取得了研究方面的进展,在卓越课堂中的经验也有所增长。我和玛丽亚·尼科尔斯一起进入了苏西·阿尔索夫和杰拉琳·约翰逊的小学课堂,在那里度过了一些时间。这些老师,还有像佩金·詹森等人,促使我写出了《开启心智:用语言改变人生》(*Opening Minds: Using Language to Change Lives*)一书。随后,盖伊·艾维和我研究了中学生的阅读参与问题,撰写了《青少年选择阅读:通过书籍促进社交、情感和智力成长》(*Teens Choosing to Read: Fostering Social, Emotional, and Intellectual Growth Through Books*)一书。多年来,我在凯西·尚波、安德莉亚·哈特维格、萨拉·赫尔默、梅里·科马尔、塔拉·克鲁格和劳里·麦卡锡的小学课堂中花费了大量时间,我们合著了专著《培养能读会写的头脑:发展 K–3 儿童的社交、情感和智力》(*Engaging Literate Minds: Developing Children's Social, Emotional, and Intellectual Lives, K-3*)。

本书第 2 版受以上经验的影响。我修订和更新了现有章节，保留了经得起时间考验的部分，并替换了不够引人入胜的例子。我更加关注课堂内的社会化问题和情绪问题，在第 2 版中单独开辟了一章进行讨论。有关心态（或思维模式）的性质和重要性也专门写了一个章节，同时，我还探讨了偏见对语言的影响。

《教师的语言：如何说孩子才愿意学》出版后，很多老师阅读了这本书，并践行了其中的理念。有些人独立阅读，有些人通过读书俱乐部或在大学的研讨课程中阅读。他们探索并创新，并将其应用于实际。无论是熟悉第 1 版的老读者，还是首次阅读第 2 版的新读者，我希望这本书能为大家提供类似的帮助，以自己独特的方式进行教学创新。

目　录

第 1 章

有影响力的教学语言

"塔克老师与我交流的方式让我在阅读时感到自己更有学问了。"

——八年级学生迪安德拉（Deandra）如是说

我上四年级时，有一次违纪了，老师看着我，意味深长地说："我的天呐，你这个顽劣小儿，让你那邪恶的脑袋吃我一记敲打。"这件琐碎小事，旁人或许会一笑置之，但其深意却很容易被忽视。老师巧妙地运用语言，既吸引了我的注意，制止了不当行为，又足够幽默，让责备不那么尖锐，维护了我的尊严，显示了他的关怀，并展示了语言可以多么宝贵和有趣——足够值得品味，足够强大，能在不诉诸武力的情况下改变行为。他还展示了借用他人语言的可能性，同时，顺便让我想起曾在社会学中遇到的一个议题。如果认为这个单一事件是我用语言来学习、思考、教学和社交的全部原因，那无疑是愚蠢的。将其视为一个会话范例更合适，它在我的社交和智力生活中留下了深刻印记。我有幸跟随很多老师学习，我怀疑我的这位四年级老师和他们中的大多数人一样，并未意识到自己的语言会产生多大的影响。他只是擅长用语言帮助我们学习。我们作为研究者必须更深入地思考，什么样的语言能为学生创造最佳的学习环境。

列夫·维果茨基（Lev Vygotsky）给我们的启示之一就是："孩子们会融入他们周围的智力生活。"这种智力生活本质上是社会性的，而语言在其中占据着特殊的位置。因为智力生活是社会性的，因此它也是关系性和情感性的。观察杰出教师我们会发现，他们通过细致入微的方法建立了一个在情感和人际关系上都非常健康的学习环境，不仅使知识得到了传授，还让人变得乐于助人、内心强大、求知欲强。研究表明，这些成绩并不冲突，恰恰相反，它们相互促进。

几年前，我阅读了玛丽·罗斯·奥雷利（Mary Rose O'Reilly）的《和平的教室》（The peaceable Classroom）。在书的开头，她反思道："我曾一度自问，是否有办法通过英语教学使人们不再互相残杀。"她的坦诚让我回想起了自己的教学之旅。当时，我以为我们都属于年轻的理想主义者，但现在却发觉并非如此。这是可能实现的，也是至关重要的。有一次，我亲自在一间教室里调研，这时，一位学生拿着一本书从图书馆回来了。老师问他是否找到了项目需要的书籍，他愉快地回答说："还没有，但我帮理查德找到了一本。"在另一所学校，我看到一群四年级学生正在对科学和伦理展开艰深的讨论，老师几乎没有介入，但他们持续了一个多小时。在另一个案例中，经过四个月的时间，一名被归为情绪失调的学生逐渐变得在行为上与他的同伴毫无二致，再也没有出现他以前的那种爆发性行为。在持续的考核压力下，这些老师实现了奥雷利曾期待取得的成绩——这并不容易，而且也多亏学生配合。

　　我想要对这些老师的本领一探究竟，学生们的自发言论让我深受触动。我的同事罗丝·玛丽·韦伯（Rose Marie Weber）在康奈尔大学读研究生时，接触了一些一年级学生。有个女孩说，她的爸爸将要成为哲学博士了。她的老师告诉她，罗丝也一样要成为哲学博士了。哪知道这个女孩说，罗丝只可能成为哲学护士，不可能成为哲学博士。（doctor 一词既有医生又有博士的意思。）毫无疑问，这个女孩无法想象自己能成为博士，她也无法想象自己的哥哥能成为护士。（这个女孩无法认识到 doctor 所代表的"博士"的意思，只能认识到"医生"的意思，且认为护士只有女性。）她的想法并非凭空而来，这是周围话语环境影响的结果。有人可能不同意，但我还是认为人人都有偏见，因为偏见深植于文化话语中，而我们在文化话语的浸润中成长。

　　孩子们让我们认识到教学语言的重要性。我们不得不问，他们听到过什么才能说出这样的话来。老师问："谁还想要那本书？”有个学生回答：“也许帕特里克想要……他不会笑，也不常笑。但他看这本书时可能会笑。”他为什么会这样说？有个学生这样形容自己：“我是班里成绩最差的学生之一。真的很糟糕……大多数人都比我强……我和彼得·威廉姆斯一起读书，他不介意跟我一起读书，他总是帮助我。”他又为什么会这样说？另一个班的学生认为自己是一个与众不同的读者，她说：“我喜欢读悬疑、冒险、惊悚类的书，还喜欢读关于动物的书，它们的日常生活跟我们如出一辙……巴里喜欢读体育类的书，艾米喜欢读有关马和海豚的书……阿曼达选择的阅读书目和我的非常不同，因为她看的书通常有一个快乐的结局，而我看的书似乎都没有结局。”这些课堂讨论导致一个学生报告说：“（最近）我学会了更多单词的发音……读得比以前更快了……（而且）我喜欢学习，我想学会更多单词的发音。”这些孩子对自己是谁以及自己在做什么有着不同的认识，他们说什么样的话主要取决于老师对他们说过什么。对话是教育的关键工具，它可以改变人们对自己以及自己言行的看法。

如果你认为我们对自己行为的看法无关紧要，请看这个例子。阿利亚·克鲁姆（Alia Crum）和艾伦·兰格（Ellen Langer）告诉酒店客房的保洁女工，保洁工作其实是一种很好的锻炼方式，从而重塑了她们对保洁工作的看法。两位研究人员通过各种举例，证明这项工作符合美国卫生局局长对积极生活方式的建议。一个月后，这些女工感觉自己锻炼得比以前更多了。由于认知变化，她们的体重、体脂、体重指数、腰臀比和血压都有所下降，她们确实比以前更健康了。而那些没有将工作重新定义为锻炼的人则没有享受到这些好处。我相信，孩子们对自己行为的理解也一样具有巨大的影响力。

创造意义：影响他人

当父母与婴儿互动时，他们会将婴儿说的"话"赋予意义。尽管婴儿的表达内容有限，但这并不妨碍父母据此构建出对话。婴儿"咿咿呀呀"地说着，父母便揣测他想要表达什么，然后做出回应："你想喝奶吗？"让人觉得婴儿似乎并非在随机发声，那是他们有意识的行为，于是父母才做出相应的反应。从他们的关系上来看，父母将婴儿视为一个有感知能力、社交能力的存在——一个可以对话的对象。在这个过程中，父母和孩子共同促进了婴儿的语言和社交发展，并为未来与他人的互动奠定了基础——婴儿期望如何被对待以及如何互动。

同理，教室里发生的一切也是如此。教师需要理解孩子们的语言和行为，并对其提供意义。老师推测学生的意图，引导他们探索不同的世界、不同的社会角色和身份认同。假设一个独立的读书讨论小组陷入混乱，老师决定怎样和学生对话？也许她会说："那个小组，重新开始讨论，否则午餐时留下来。"也许她会说："你们声音太大了，会干扰其他小组，我也很生气。"也许她会说（是的，老师的反应会有很多"也许"）："这不像你们平时的风格呀，是遇到了什么问题吗？你们打算如何解决呢？"每一种反应都对以下问题提供了不同的答案："我们在做什么""我们是谁""我们是什么关系"，以及"我们如何与学习内容联系起来"。每种不同的反应都可能改变随后的课堂互动。这些选项的含义在表 1-1 中有所阐释。

表 1-1　教师对社交违规行为的不同反应所带来的影响

不同的问题	教师评语		
通过评语回答的问题	那个小组，重新开始讨论，否则午餐时留下来	你们声音太大了，会干扰其他小组，我也很生气	这不像你们平时的风格呀，是遇到了什么问题吗？你们打算如何解决呢？
我们在做什么？	辛苦工作	配合、合作	携手共创
我们是谁？	视服从性高于自主性的人	关心他人感受的人	社交问题化解者
我们是什么关系？	权威型控制关系	享有平等权利，相互尊重	设法共同解决问题
我们如何与学习内容联系起来？	被逼完成任务		

换句话说，语言不仅包含"内容"，还承载着很多信息，这些信息包括说话人看待听者的态度及其相互之间的关系。迈克尔·韩礼德（Michael Halliday）称之为表达性维度和人际关系维度。我们在日常生活中常常会接收到一些非语言的、隐含的信号，邀请我们参与到某些特定的活动或对话中。我们不断向孩子提问，其结果就是我们成为提问的人，孩子成为回答的人，他们提不出来问题。

明确性

尽管语言的影响是多方面的，但对教师的语言表达，人们普遍关注它是否明确。如果学生需要了解某些知识，老师当然不能随便假设学生"应该"已经知道这些知识了，这样一来，老师不讲，学生只能被迫自己胡乱猜测。但我们无疑经常这么做——假设学生以某种方式懂得某个知识点，但实际上他们根本不懂。比如我们会问幼儿园的小孩"单词末尾的字母发什么音"，却完全忽略了许多幼儿园孩子并不清楚字母、单词、音（特指语音中的音）以及末尾（需要知道字母按从左到右的顺序排列）等概念，也不知道字母与语音之间的复杂关系。玛格丽特·唐纳森（Margaret Donaldson）在《儿童的思维》（*Children's Minds*）中指出："你对某事了解得越多，你就越以为人人都跟你了解得一样多。因此，教师与学习者之间的差别越大，教学难度就越大。"也就是说，教师需要从孩子的视角来思考问题，而这正是响应式教学的关键技能。

来自不同文化背景的人在互动时经常遇到麻烦。我曾参加过一场印度婚礼，闹了不少笑话，比如，我在进入接待区域时试图与参加婚礼的女士们握手，这让她们十分尴尬。在这次经历中，我在文化意义上属于少数群体，这类经历让我清楚地认识到不同文化间的巨大差异。对于来自主流文化中的教师来说，他们很容易忽视来自不同文化的学生摸索主流文化行为准则的困难。而我们处于主流文化中的人不必面对这样的冲突，并对此习以为常，甚至觉得所有人都像我们一样说话和行事。其结果就是，我们不会明确告知我们的行为细节，因为不谈别人已经知道的事情正是会话规则之一。来自不同种族、阶层或文化的学生，尤其是来自历史上被边缘化的文化的学生，常常为此付出高昂的代价。

换句话说，我们在表达时可能比想象的还要不明确，当我们试图明确表达时，有时反而会让人感到困惑。因此，认真思考、明确表达是非常重要的。然而，明确性也是一个复杂的问题。我们不可能对所有事情都做到明确表达。对话对此有规则，我们只能在对方不知道和可能感兴趣的事情上明确表达。这意味着，我们需要了解听众才能决定何时明确表达，而高响应型的教师确实是了解学生情况的。

有一种假设认为，教学语言越明确越好。这种观点认为语言只是信息的传递，只是知识的包装，但实际情况并非如此。在社交互动中，每句话的作用都不仅限于这句话本身，比如告诉别人某些事情可能会带来一些隐藏的成本。如果学生能够自行解决问题，过早提供明确信息反而会剥夺学生独立自主的机会，从而影响师生关系。想想看，当你自己发现问题的解决方法时，是不是乐在其中？经过几次成功的探索后，你可能会发觉自己确实有解决问题的能力。你甚至还会爱上探索求知，这种主动性也成了你的一种身份标签。相反，被告知该做什么则会导致截然不同的感受，尤其是在没有征求你的意见时。被明确告知该做什么及如何做——而且是反复被明确告知时，会导致一系列不同的感受，也会导致我们对自己能力和身份的不同认知。你可能会这样解释明确告知行为：我无法自行找到问题的解决方法。研究表明，大多数杰出教师不会大量进行灌输型教学，对话式教学比直接指导更为有效，毫无疑问，这就是其中的一个原因。

作为教师，我们必须判断哪些内容需要明确表达、哪些学生需要明确表达以及何时应进行明确表达。任何跟青少年打交道的人都知道，明确表达通常会引发抵触情绪。走曲径通幽的后门通常比走直接敞亮的前门更为有效。当然了，明确性也无法解释为什么有些学习效果异常强大。例如，我们对男性气质和女性气质的认知很少是通过明确教导相关的行为、感受和价值观而得来的。性别社会语言互动对置身其中的我们影响更大。当然，在某些情况下，例如涉及身体伤害时，我们的语言必须非常直接和明确。在本书的对话中，我将尝试（明确地）拆解其中的一些细节。

言语即行为

言语即行为，说话和敲击他人、拥抱他人一样，都是一种行为。例如，一位牧师、神父、拉比或伊玛目宣布两个人结婚，这一行为（在一定程度上）使得婚姻成立。我们邀请幼儿园的学生创作书籍，并且像对待他们敬仰的商业作家一样对待他们的努力，鼓励他们添加作者信息页，对他们说："在封面写上你的名字，就像艾瑞·卡尔（Eric Carle）那样。"不久之后，孩子们的言行举止就会像作家一样，他们关注作家会关注的事物，做出作家会做的决策，还会像作家一样写书。

因此，语言不仅具有代表性（虽然的确如此），还具有建构性。语言确确实实地影响着现实构建和身份认同。"聪明"和"会思考"都是对孩子的评价，但效果完全不一样。这些说法提供了关于什么被看重以及同伴可能如何看待并与孩子互动的不同观点。对孩子本人来说，这些评价可以帮助他回答"我是谁"和"像我这样的人应当如何说话和做事"。

语言可以确定人与人之间的关系。例如，当教师将自己定位为课堂上的知识传授者时，学生就成了知识的接收者。这样一来，教师向学生提问，但答案是固定的，然后教师判断学生回答得是否正确，这种情形十分常见，并且无处不在。教师可以将孩子定位为竞争者或合作者，可以将自己定位为裁判、资源提供者、评判者或其他任何角色。教师在教学过程中选择使用的语言和互动方式，无形中塑造着学生对自己的认知，进而影响整个课堂的氛围。

同样地，教师的说话方式可以在不同程度上塑造学生与自己所做、所学或所研究的事物的关系。将阅读称为"工作"，与称其为"趣事"或"好玩儿的新挑战"，影响大不一样。例如，艾伦·兰格和同事们让人们按漫画的幽默程度进行分类——这挺有趣的吧，然而，半数参与者被告知这项活动是"工作"，另一半则被告知这是"趣事"。工作的人并不享受这个活动，还说他们在完成任务时常常走神。教学中也有类似的情况，教师告诉学生可以自由活动，"但必须先完成阅读"，"必须"这个词一出现，阅读便成了坏事。

没有人际互动，语言就没有发挥作用的环境，但语言运用也反过来塑造着人际关系，决定了人们的自我认知和相互之间的看法，甚至塑造着感知——人类通过感觉器官接受刺激，然后转化为神经信号传送到大脑，最终形成情感体验。正如罗姆·哈瑞（Rom Harre）和格兰特·吉列特（Grant Gillet）指出的那样："语言在很大程度上影响了感知系统。"就像我们积极通过感官系统收集到的信息来认识现实，我们也积极寻求新信息来丰富我们对自我的描述，并确保其真实性。

换句话说，教师（及其学生）在课堂上使用的语言是非常重要的。本书意在通过探索师生互动中出现的词语等表达形式，考察它们对课堂对话以及在学生的读写能力、智力、社交和情感发展等方面产生的重大影响。在本书的其余部分，我列出了教师使用（或未系统使用）的各种语言片段，并简要解释为什么我认为它们具有重要意义。我分门别类地列举这些词汇和短语，希望对读者理解概念有所助益，虽然有些表达明显适用于多个类别。这些例子只是师生对话中的片段，但我认为它们极具代表性，即使表面形式不同，也具备一些共同的特征，包含一些共同的代代相传的社会语言模式。

我在阐释它们的意义时，会广泛涉及多个相关学科。师生间的每次对话都为学生提供了建设性素材，帮助他们学习各种语言知识和技能，同时，这些素材还能帮助学生理解世界、塑造自我身份，因为每次交流都是"可以写入自传的片段"。熟悉语言学的读者会发现，我从一开始就采用了诸多不合常规的做法，比如，将语言片段视为可以脱离语境的独立内容，实际情况显然并非如此。我尽量在后文中采取补救措施，但在此之前，请你多多包涵。（或者请你前往附录 A，获取更多解释。）

第 2 章

关注、识别和命名

> 语言是认知的基本条件，同时也是经验转化为知识的过程。
>
> ——迈克尔·哈利迪（Michael Halliday）

人们越关注一件事，往往就会越喜欢它。艾伦·兰格团队让人们参与一些不喜欢的活动，比如观看足球比赛、听古典音乐或说唱音乐。但他们会要求部分参与者留意其中的新鲜事物，记录的数量为 3 个、6 个或者 9 个。结果，留意着，留意着，这些参与者都喜欢上了这些原本不喜欢的活动。通过提问"你注意到了什么"来鼓励孩子们发现新事物，背后的原理就在于此。发现新事物让学生在师生关系中拥有了更多的掌控感，他们开始主动学习。发现并关注新事物非常重要，这是正念的核心内容。

随着关注而来的是对事物的识别和命名。婴儿会经历一个"这是啥"的阶段，通过这种方式，他们发现事物是有固定名字的。（他们当然也在学习如何通过提问来控制社交互动，并体会其中的乐趣。）关注、识别和命名是人类交流的核心，也是掌握技能的关键所在。要成为医生，人们需要学习如何注意体征、如何确认特定体征类别、如何区分不同的药物，以及不同药物如何与不同体征模式相关联。要成为教师，人们需要知道如何判断学习是否顺利进行以及什么时候进展不顺利，需要知道儿童的语音拼写代表他们所了解的内容，需要知道孩子未能积极参与意味着什么，等等——我们需要知道应该关注哪些内容。老师要帮助学生学会如何分配注意力，关注读写能力、数学或其他领域的核心要素，而不是迷失在无关紧要的细节里，引导学生发现新的学习内容中的规律和模式，邀请他们参与教学过程，成为学习的主人。

事物一旦被关注，就很难淡出我们的视野，对事物的了解实际上对感知系统是有影响的。但对于同一事物，关注、识别和命名的方式却并不相同。不同的治疗流派会注意到不同的特征，并赋予不同症状不同的意义。不同的教学流派也是如此。两位教师的教学理念不同，他们对待拼写不规范的态度就会不同。情感也会被关注、识别和命名。身体会对事件做出反应，在我们的文化环境中与他人互动时，我们学会了对事物进行选择性关注、识别和命名——如何看待这些事，它们是否值得我们讨论。在我们的帮助下，孩子们逐渐成长，学会管理自己的注意力。而注意力系统从很多方面来看都是"知识获取的把关人"。因此，我们特别希望他们能关注语言及其重要性。

对事物进行选择性关注、识别和命名，这是学徒制学习的核心，但即使没有识别和命名这个环节，有时甚至我们都没有意识到这回事，学习也仍然在发生。语言习得就是一个完美的例子。我们习得语言，等上学时，就已经具备了相当的语言能力。但儿童往往对自己的语言能力并不自知，这并不是说他们完全没有意识到这件事。他们擅长撒谎、擅长讲笑话，这说明他们知道可以有意识地用语言创造与现实不同的情形。然而，很多人直到高中毕业也无甚长进，面对语言的威力，他们束手无策、无能为力，任由广告商、政治家、作家等控制自己和他人，完全不知道学过、用过的语言对自己有什么用处。如果无法理解这之间的相互关系，就意味着他们无法解决在语言中延续的社会正义问题。我们有责任帮助孩子们关注这些事情，他们越关注，越是带动全班同学一起关注，效果就越好，教师也就越不需要单肩挑重担——"让我来告诉你什么事情重要"。

接下来，我将详细分析教师发言的实例，指出这些表达对学生个体和班级整体的影响。教师说的话将作为小标题，后面的段落是对其意义的分析。

"很多事情你都可以自己学习，只要做个有心人就没问题。我们今年的目标是多多关注事物，同学们要在这方面互相帮助。对了，你们也要帮助我对周围多加留意。"

开学第一天，劳里·麦卡锡（Laurie McCarthy）就对她的一年级和二年级学生们说了上面这番话，拜托他们参与到课程建设中。"你们注意到什么了吗？"在整个学年里，她不时这样问学生。前文提到过，你越是关注一件事，就会对它越感兴趣，还记得吗？当学生们主动发现一个问题，并带动全班关注时，他们就掌控了自己的学习过程，掌握了学习的主导权，特别是当观察所得类似于学了一个微课程时，就更有这样的效果了。教师的评价对学生有帮助作用，比如我们可以告诉他们："你发现这两个单词的构词方式相似，以后其他这样的词就都认识了。"学生观察到的内容丰富了班级的集体知识，强调这一点不仅能增强他们的自信心和能动性，承认贡献本身也让贡献知识的人得到认可。例如，承认自己"在罗莎指出之前我没注意到这一点"的行为不仅表示"我刚刚从罗莎那里学到了东西"，而且确认了罗莎作为知识贡献者的地位。

以下问题可以帮助学生认识到哪些事物可能被关注："有人注意到……？有好玩儿的词吗？使用了新标点符号吗？有相似词汇吗？单词在书本上的排列方式与之前不同吗？"以下问题可以让学生从关注自身行为中受益："有人尝试过……吗？有你们喜欢的新单词吗？使用了新的标点符号吗？写作方式不

一样吗？新的阅读方式吗？创造了新角色吗？"这类问题背后
隐藏着同一种思路，让学生敢于尝试新的可能，走出舒适区。
关注——乃至主动意识到——对文字世界、自己以及他人进行
观察的种种可能，这样一来，关注点不同的学生之间就有了沟
通交流的机会。

"我明白，你已经知道如何写'场'字了。"

当一个孩子把"农场"错写成"工场"时，应该跟他说点
什么呢？肯定他做得对的地方（以便以后保持），同时肯定他的
进步，让他有信心学习新东西。玛丽·克莱（Marie Clay）将这
称为关注"部分正确"。这样做的重要性再怎么强调也不为过。

专注于积极的方面并非新观念，只是有时候很难记得要
这样做，特别是当孩子的反应与预期完全不同的时候。事实
上，我们越依赖于期望和标准，就越难将精力集中在有进步之
处。记得曾经有人问我，三年级学生应该达到怎样的拼写水
平。我很好奇，知道答案会让他教得更好还是更差（后者发生
的概率比较大）？按照预期标准来教学，有些学生会从中得到
大量的积极反馈（但不一定是学到新的知识），其他学生则会
得到大量的负面反馈，这是毫无疑问的。更为重要的是，关
注——并帮助学生关注——他们做得好的地方，特别是那些表
现出积极进展和成功迹象的前沿部分。这里说的前沿部分指学
生超越自我、拓展极限、取得部分正确成果之处，这是学习新
东西的起点，认可他们的前沿成就可以为他们赋能，让他们有

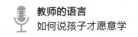
信心直面下一个挑战。

首先，关注部分正确或部分有意义的地方，是我们需要教授给学生的一种认知倾向。例如，如果要让学生找出写作中没完全拼对的单词并标记正确部分，我们可以要求他们想其他办法来拼写拼错的部分，将注意力集中到解决问题上。这个原则可以应用于各种社会和文化实践，比如分析小组学习过程（后文会写）。这样做的重要性无论如何强调也不为过。通常来说，拥有稳固幸福感的孩子在讲述自己的经历或故事时，较少提到负面的结果或消极的情感。在教育这个社会化过程中，我们引导孩子关注自己在哪些领域以及通过什么方式取得了成功，可以帮助他们建立和增强自我效能感和主动性（见第 4 章）。

"你能告诉我小组讨论进展如何吗？哪些方面做得好？有没有什么问题？"

特蕾西·本内特（Tracy Bennett）在引导学生关注小组讨论的情况。要想有效管理并构建高效的学习环境，这样做至关重要，对此的具体讨论在第 8 章中。其次，询问做得好的地方，将学生的注意力集中到积极的方面，能起到巩固作用，让学生认识到自己的高效学习能力，积极回顾也让学习者喜欢上这样的学习经历。最后，特蕾西成功地让学生注意到，问题有不同类型，就像有不同的文本、不同的作者、不同的词汇一样，作为一个受过教育的人，关注并讨论事物的不同非常重要。

"这里有你喜欢的词汇或短语吗？有没有什么表达你希望能用到自己的作品中？"

这个问题一下子把孩子们的注意力吸引到文字的质量上，同时又传递出老师的暗自期待（甚至可以说，老师有一个执念），即孩子们（显然）都希望自己能写出更好的作品，像一位真正的作家那样。这个问题包含了一种可能，也许孩子们能写出这样的文字呢，尤其当他们在写作或演讲中的遣词造句得到老师的关注时。例如："我发现你的开头很像道格·萨拉蒂（Doug Salati）在《热狗》（*Hot Dog*）中的开头。"老师在点评时提到了"开头"这个概念，并指出其他人——有可能是知名作家——也用了同样的写作手法。这样一来，师生之间就有可能继续交流文章开头的方式，以及如何借鉴其他作者的开场。

还有一次，这位老师重新朗读了一句话，然后告诉学生："我很喜欢这句话。"这其实相当于做了她要求学生做的事，接下来，她继续引导学生关注语言，带领他们分析语言，同时表达对语言文字的阅读感受。教学研究不重视教师的感受，这是一个常见错误，即使婴儿也会将社交伙伴的情感指标作为重要的环境信息来源之一。"我很喜欢这句话"只是众多表达情感的语言形式之一，但其实人际互动都承载着情感，孩子们关注表达情感的语言形式，就像他们关注其他语言形式一样。对特定的孩子和学习内容的态度值得重视，我们也许应该对他们的方方面面投入更多关注。

"你发现了什么？还有没有出乎你意料的规律或内容？"

琼·贝克尔（Joan Backer）教四年级，每天早上一到校，这个班的学生（一名或多名）或老师本人就会挑选出当日词汇写到黑板上，并在旁边标注含义和音标。下午上课时，琼会遮住这个单词，要求学生们在索引卡上拼写。接下来，她将写着这个单词的卡片放在黑板槽上，让学生们观察不同的拼写方式，然后提问："你们发现了什么？"随后再问："还有没有出乎你意料的规律或内容？"她鼓励孩子们探索单词的内在逻辑和拼写策略。正是因为一上学就选择当日词汇的做法，孩子们才有机会去寻找有趣的单词，去关注拼写中的不同之处，光这一项就足以拓宽孩子们的语言范围。她可能还会要求他们注意单词的特殊用法，还有一位老师也会这样做。

注意，这些问题都假设"你"拥有一个特质——善于观察。很显然是这样的，我不必罗列理由，你也无法争辩。同样显而易见的是，你希望自己能写出一点有趣的东西。教师借此尽力帮助学生塑造特定的身份认同，我们将在下一章讨论这一点。

儿童在学习读写的过程中需要学习文本的重要特征：它是如何组织的（字母、单词、论点、结构、标点等）？它如何与口语相关联？如何识别作者用来吸引读者的小技巧？何时使用何种书面语言？然而，学习者无法依赖老师来关注所有需要关注的事项，因此，老师们必须教会他们如何发现关注点。我们引导孩子们注意文本、单词和声音的不同模式，注意印刷体与手写体的区别，注意页面布局，等等。我们还会教授他们如何善加利用这些被关注到的规则，但他们必须先注意到这些模式。教学不可能穷尽所有规则和特征，即使有可能，老师们大概也不愿意，因为学生最好能自己应对自如。

孩子们上课时若能自发关注规则并明确表达出来，教学就轻松多了，到那时候，老师将不再是知识的唯一来源。例如，在艾伦·亚当斯（Ellen Adams）的二年级课堂上，一名学生注意到一个问题："你们有没有发现，很多书里都出现了狼？"在克里斯·墨菲（Chris Murphy）的一年级课堂上，一名学生注意到老师在维护课堂秩序时用了"chitty-chatty"这个词。他指出该词汇两部分的发音方式类似，并指出这个词包含的名词形式。这些例子说明，孩子们上课时意识到，自己的观察能够产生影响，无论发现了什么，都值得拿出来讨论。

从孩子的观察出发，而不是单纯依赖老师的观察，好处数不胜数。在婴儿研究中，这被称为"注意跟随"。相比于母亲不断试图引导孩子关注她自己认为重要的事物的婴儿，母亲采用这种方式的婴儿往往发展出更强的词汇能力。当孩子们主动注意到某些事物时，教学可以从一个共同的关注点开始，因为孩子们已经在关注这些事物了。我曾见过琼·贝克尔在非正式授课的情况下进行了一次出色的书写教学。她跟四年级学生说，她在看他们的手写作业时遇到了一些麻烦。接着，她展示了一个连笔字母表，并请学生们帮忙备课，以便改进书写教学，还询问他们应该从何开始。学生们集思广益，她在纸上做着笔记。在这个过程中，学生们讨论了哪些字母不好写（以及不好写的原因）、哪些字母容易混淆（以及容易混淆的原因）、先教哪些高频字母可以提高教学效率（这点尚存分歧，需要专门小组进一步调查），他们还讨论了哪些字母组合共同点多，可以实现最大的教学收益。在这个过程中，孩子们通过沟通交流，发现了字母书写的特点，而琼只是负责将这些细节整理出来。要将这些字母分类，也必须先根据它们的显著特征对其进行命名。

琼对于"发现"的提问，第二个部分也很重要——"还有没有出乎你意料的规律或内容"。反复使用"还有没有"，有助于让学生发现多种可能，变得更加灵活（稍后我们将再次讨论这一点）。"出乎意料"同样重要。我们希望孩子们重视"意料之外"，因为这往往预示着规则或者理论的冲突。这种冲突为概念学习提供了重要的契机，因为我们不得不重新审视习以为常之处。不适或不安的感觉往往也包含着预示。我们常常会回避这些感觉，而不是像我们目睹社会不公时那样追根究底。

玛丽·克莱指出，跟着感觉走，事关培养内在掌控感和自我全面成长。孩子们在阅读中遇到困难时，老师会问："怎么了？有什么地方不对劲，是吗？你能做些什么吗？"老师帮助孩子们关注这些内在信号，并思考应对方法，这样，等到老师不在场时，这套系统也会继续照常运作。帮助孩子利用直觉更好地了解自己和世界，也许还可以解决另一个问题。温斯顿·丘吉尔（Winston Churchill）曾说："人们时不时地会在不经意间发现真理，但大多数人选择忽视它，匆忙恢复到原来的状态，仿佛什么都没有发生。"关注身体感觉到的惊讶和不安也许有助于减少这种情况。

关注、识别和命名对批判性思维的培养至关重要。孩子们必须关注命名的方式、形式、对象以及命名权的所在。我记得在我家孩子十多岁时，我们在一次家庭聚餐上讨论起"贱人"这个词来。我们讨论了这个词的含义、使用者、使用原因以及男性是否有类似的称谓，如果有，它是否承载相同的内涵。这也许算得上对命名方式的关注了。我们还必须帮助自己和孩子理解命名（不同类别）如何与特定的定义相联系。例如，我问一个孩子："咱们班里有不同类型的读者吗？"他回答说："有读得差的和读得好的。"我们要表扬他"你读书就读得好"，但同时也应当因他的回答而深思。这个孩子所使用的策略虽然得到了巩固，却也证明他在将读者进行二元划分。这不免引发一个问题：谁读得差？如何评判好与差？

非好即差并不能最有效地确认学生的阅读和写作能力。事实上，我曾向一位四年级学生克洛伊询问她心目中的班级最佳写作者，随后还了解了她的判断标准。克洛伊的回答非常简洁："我不喜欢这样看问题。"她几乎就是在说："这不是个好问题，我不想回答。用这种方式谈论写作太奇怪了。"对一个老师报以如此回答，几乎就像对社会地位更高的人指出他刚刚讲的笑话有性别歧视一样。克洛伊如此大胆地批判我，大概是因为她所在的班级氛围让她形成了这种态度。与克洛伊持相同观点的孩子们认为，可以根据兴趣、风格和体裁对读者和写作者进行分类。或许我们可以简单地说"人们在阅读时会出现这样的行为"，虽然我知道有人不同意，但我认为这种表达方式更好。这样的立场使我们认识到读者也会犯错误。例如，一位一年级教师佩金·詹森（Pegeen Jensen）在阅读时说："刚才有人中途进教室，我不小心走了个神，结果出现了重大理解错误，所以现在我要重新读一下这一节。"佩金的态度将错误（和纠错策略）视之为阅读过程中可以被预见的正常环节，并不代表阅读能力的高低或阅读效果的优劣。

我们把关注和确认到的内容用语言表达出来，可以帮助孩子们掌握世界、自我和他人的重要特征。他们的理解将影响他们对待彼此和周围环境的态度。为了实现一个公正的社会，我特别关注孩子们对自己和他人的认识和确认，以及他们对其产生根源和所致结果的清醒意识。对自己和周围世界的认识和命名是影响孩子们对自身身份认知的因素之一。

选择性关注、识别和命名

由于学生的种族和性别不同，教师与他们互动的方式也不同——亲爱的读者，我显然不是在说你，而是作为我研究对象的其他教师（很遗憾，也包括我自己）。医生对患者的态度也存在类似差异。即便聊天机器人也默认，医生是男性，护士是女性。教师怎么会例外呢？这种偏见体现在挑谁发言、采纳或忽视谁的回答、因为什么表扬或批评谁等方面。我们应当关注这些偏见，但不必感到惊讶。人类出现之初，偏见便根植于社会之中。三个月大的婴儿就会表现出对人类面孔的偏爱。

偏见——一种系统性的不平等——隐藏在我们使用的语言中，渗透到我们生活的方方面面，反过来影响着我们。词语本身可以有积极或消极的倾向（比如"快乐"或"威胁"），同时也可以是中性的（比如动词"导致"）。但词语的含义也受到上下文的影响，最常与"导致"共同出现的词语有："死亡""问题""损害""疼痛""癌症""麻烦""关注""疾病""影响"和"伤害"。因此，尽管人们知道"导致"是中性词，经过一番带有偏见的揣度之后，人们通常会将它作为贬义词来对待。语言虽然未必明显带有偏见，却能在不经意间带来偏见。

这之所以重要，是因为它有助于解释为什么六岁的孩子也会在无意识中表现出种族和性别偏见。因为在大量的语言样本中，和女性相关的词汇常出现在与家庭、护理等相关的语境中，而不是与医生、科学、数学或荣誉等相关的语境中。与男性相关的词汇情况则正好相反。这也有助于解释为什么少数群体成员即使在童年时期也会对自己的群体产生无意识偏见。非洲裔美国人的名字更常出现在与负面词汇相关的语境中，而欧洲人的名字则更多出现在与积极词汇有关的语境中。

这些偏见在电视节目、儿童书籍和与儿童的交流中广泛存在。这些模式除了反映文化偏见，还通过联想学习强化了文化偏见，这就是改变个人偏见特别困难的原因：它们来源于文化话语，且被不断强化，普通观察者很难发现。但是，我们可以在课堂上有意识地改变这种语言失衡状态，我们也必须这样做。我们确保学生所接触的书籍以及我们共读的书籍要体现出主角的多元化，原因正在于此。在学习历史和社会学时，我们也要确保孩子们听到全面的、人性化的历史叙事——好的、坏的和丑陋的都要让他们听到。

我们必须注意自己的语言使用和周围的语言环境，要求自己和学生对自己的语言负责，并提供改变的工具和弥补的机会。如果我们一起讨论关于种族和性别问题的叙事文本，就会有很多机会对重塑语言这个问题进行交流。包含或报道种族言论的新闻也提供了极好的交流机会。例如，亚拉巴马州选民（76.5%）于2020年授权立法机构从州宪法中删除种族言论，一位州代表说："我们向全国和全世界展示自己目前的状态。"由此可见，通过跨党派努力推动制度性语言的变革，可以促进社会向更公平的方向发展，并展示我们在这一过程中的进步和对历史的反思。

课堂用语不仅是口头表达，还事关我们的其他选择。例如，在邀请不同种族、民族、语言或性别背景的学生表达观点时，我们的态度是否存在差异？不同的对待方式往往与态度和信念相关。想想看，对那些掌握多门语言的学生和正在学习多门语言的学生，我们是如何谈论和对待他们的语言能力的。我们往往通过他们尚不流利的英语来看待他们，而不是通过他们已熟练掌握的语言来看待他们。我们要意识到，他们从故乡带来了丰富的知识，而且与许多同班同学不同，他们常常在不同国家旅行。安排适合他们经历的课程，有助于改善他们的校园学习体验、自信心和同学对他们的态度。

补充材料

如果要进一步了解关注、识别和命名这些概念，我推荐凯蒂·伍德·雷（Katie Wood Ray）的《在图画与文字中》（*In Pictures and in Words*）等书籍，凯蒂老师的这本书详细说明了作者在这方面的技巧。例如，以下内容选自"奇妙的词汇"（Wondrous Words）部分，讲述中学生伊恩遇到的困难，作者运用了我们在本章讨论的内容。凯蒂老师为伊恩提供帮助，让他想象自己作为作家能做什么。师生二人看着伊恩的写作笔记本，有如下对话。

凯蒂：伊恩，你看你这里写的这个句子，它告诉我，你想到了一个场景或快照。你脑海里肯定有很多小场景吧，都是跟 Jazz（伊恩的宠物狗）一起度过的特别时光。对吗？

伊恩：是的。

凯蒂：我觉得你可以尝试那种结构，看看会发生什么。你知道，写一篇关于你和 Jazz 的文章，有点像我们看过的辛西娅·赖兰特（Cynthia Rylant）的《山中旧事》（*When I Was Young in the Mountains*）。记得我们讨论的那些小快照故事是如何写成的吗？（第259页）

她想象出一些可能的场景，唤起了伊恩的记忆。

凯蒂：好的！最后，你可能需要用一些方式把它们串到一起，赖兰特通过重复来贯穿全文，也许就像那样的方式。（第260页）

然后她提出了一些伊恩可能会感兴趣的想法作为开始，并为他制订了一个计划。

凯蒂：那么，首先我会做两件事。我打算重新阅读《山中旧事》，看看赖兰特是如何写这种类型的文本的。然后，我会在你的笔记本上列出一些可以用来描写你和 Jazz 的小场景。好吗？（第260页）

第 3 章

身份认同

孩子们通过故事来宣称自己是男孩和"强硬小子",与此同时,这些故事也在某种意义上宣布了他们的身份。换句话说,男孩们在采纳关于"强硬小子"如何说话的主流文化叙事。

——安妮·哈斯·戴森（Anne Haas Dyson）

在课堂上,史蒂文在讨论不同学生的作品时评论道:"要说搞笑,杰西真的很搞笑,他根据想象写了不少内容……罗恩写得相当不错,但他的绘画比写作更好一点……艾米丽在她的悬疑小说中提供了丰富的细节和人物描述,这确实是一个非常好的悬疑故事,因为它有一个核心元素,需要读者自己去揣摩。"无论是点评自己还是同学,史蒂文使用的术语都是他在讨论商业书籍的作者时使用的。他的老师组织了课堂讨论,帮助他深入理解作者所做的事情,并进一步巩固和丰富他作为作者的身份。同时，因为他将同龄人视为一个多样化的作者群体并予以对待，他也进一步巩固了同学们作为有能力和多样化的作者的身份。

班上的孩子慢慢学习认字，他们不仅学习识字这项技能，也在树立自己的个人和社会身份——这些独特性和归属感定义了他们心目中的自己。尽管人人都不一样，但他们拥有一个重要的共性：他们都是作者。詹姆斯·吉（James Gee）将这样的教室称为"情感空间"，视频游戏形成了对孩子们有"认知和情感吸引力"的社区，情感空间教室与游戏社区功能相似，因为每个人都不同，每个人都有独特之处，所以每个学生都有机会成为能干的一分子，为班级做出贡献。

注意，史蒂文老师描述了各个学生的不同贡献，并借此表达欣赏之情。他密切关注学生手里的事情，不断表达自己的钦佩，同时注意到他们正在创作书籍——凯蒂·伍德·雷和丽莎·克利夫兰（Lisa Cleaveland）称之为"大作品"。凯蒂询问丽莎班上的两名一年级学生他们在做什么，他们回答说："我们在写系列丛书，类似《青蛙和蟾蜍》（Frog and Toad）和《亨利和玛奇》（Henry and Mudge）那样的作品，但讲的是我们自己的故事。"这两位作者名叫玛吉和拉克，他们向老师展示了已经完成的两本书以及创作中的第三本。这些学生需要强大的身份认同来支持自己，不然就没法完成"大作品"创作，撑不过漫长的写作过程，也不会有力量继续创作新的作品。

作家写小说时，角色就诞生了——角色就是人物，他们说这种话，做那种事，与其他人和事物搭上关系。当我们逐渐理解小说中角色的丰富性和复杂性时，也就能预测他们在面对新情况时可能会如何行动了（尽管新情况可能会带来意外）。这不仅是作家们做的事情，也是人们用自己的方式做的事情。他们叙述自己的生活，认同自己和环境，他们认为自己是什么样的人，便按照这类人的方式来采取行动并解释事件。

身份认同甚至会引起关注。丽莎·克利夫兰在她的一年级课堂上举了一个例子。6 岁的郝莲娜是唯一一位留在零食区的孩子，她对自己的老师说："克利夫兰夫人，现在只有我一个人了。"丽莎立刻接话道："嘿，这句话非常适合在书里重复使用，增强效果。"尽管当时还早，还有很久才上写作课，但作为作家的郝莲娜却总是在寻找合适的语言表达——她知道，这是作家会做的事情。

塑造身份认同意味着逐渐看到自己所属的特定类别（和角色）的特征，慢慢培养出作为这种人的感觉，并形成特定社交空间的归属意识。当孩子们参与课堂互动时，他们塑造不同的身份，并加以尝试——就像在故事中扮演不同的主角一样。当他们在故事中使用代词"我"来指代自己时，我们会感觉像是在与叙述者直接交流。他们决定自己在特定情境中的身份，在积极承担责任的行动性角色和更被动的角色之间做出选择，在学习内容、社交环境中的他人以及实践领域中采取立场。

教师的语言可以为孩子们提供积极身份，并引导他们往该方向发展。例如，在朗读活动中，八年级学生迪安德拉问到了一本书中两个角色之间的关系，还询问这种关系与另一本书中的关系的相似性，她之前读过另一本书。迪安德拉的提问引发了一场讨论，老师总结道："迪安德拉让我们想到了'知己'这个词，非常棒。"迪安德拉后来回忆说："塔克老师说话的方式让我感觉阅读思维方式得到了提升。"类似的小事多了，迪安德拉在学校里的形象越来越优秀，逐渐得到大家的认可，同时，她的问题也扩展了整个班级的词汇量。此外，甚至一些芝麻小事，比如孩子们希望怎么念他们的名字就怎么念，都代表着对他们的尊重，能让他们感受到被看见和被听到。

你可能已经注意到，孩子们上学时，会把在家庭中学到的文化叙事方式带到学校，这些叙事方式是他们在与家庭成员互动的过程中获得的，包含许多可能的行为模型，以及谁有权扮演哪些角色等。比如，8岁的孩子已经了解到，有些角色允许女孩参与，有些则不允许；这个孩子还知道与这些角色相关的情感和行为，以及应该如何理解它们，例如，应该如何看待男孩读书、女孩顶嘴或男孩玩娃娃。他们在不经意中习得了这些和身份相关的内容。父母在处理问题时，告诉女儿的版本往往和告诉儿子的不同，对涉及情感的问题尤其如此。例如，同样是玩具被人偷了，跟女儿交流时，父母将其描述为一件伤心事，而讲给儿子听时，他们则愤愤不平——这些情绪与掌控感之间的关系大不相同。谈及成功和失败时，男孩和女孩听到的故事通常也不一样。我们要做的是构建积极、公平的叙事方式，让不同性别、种族和身份的孩子在做决定时能拥有同样的机会和结果。

"我们这里每个人都是老师。"

刚一开学，劳里·麦卡锡就告诉一、二年级的学生，他们要学着当自己的老师，并在这一过程中向学生提供了帮助。劳里发现，学生们在合作或解决问题时会不自觉地使用某些策略，于是，她向学生解释了他们所采用的策略及其重要性。这样一来，孩子们便对自己的行为有了自觉的意识，主动性大大增强，也学会了如何向他人解释同样的内容。随后，劳里还邀请学生们向全班传授各自所用的策略，在她的帮助下，学生们大获成功。整个过程只需一两分钟，却极大地增强了他们的信心，在他们之间传播了知识，同时还让学生们明白了一点，即他们都是随需随用的可靠信息来源。

学生之间在学习上相互帮助，只要劳里看到了，就会让全班同学观摩。劳里告诉学生，互帮互助有助于营造良好的学习环境，同时，教别人也非常有用。比如，她介绍完互助情况之后会说："如果塔蒂亚娜帮助罗杰姆学习，那罗杰姆马上就可以继续阅读，而不必等到我结束工作之后。谢谢塔蒂亚娜。另外，我注意到，她不光告诉罗杰姆某个单词的意思，还教他如何自己想办法认识它。你们说，这为什么重要？"劳里的教学方式表明，她重视学生之间的相互帮助，同时也说明，加深学生对教学的了解，增加学生相互教学的机会，是非常值得的。长远来看，劳里老师的付出会带来丰厚的回报，因为许多孩子长大后都会成为父母和教师。

鼓励孩子们把自己看作老师，其结果是学生和老师一样享有了威信和专业知识。共同教学也是吉的视频游戏兴趣社群的一个特征。如果教室里只有老师一个知识权威，教学过程中可能会遇到瓶颈，孩子们排着队在老师的桌前等待批准、纠正或解决问题。这不仅浪费了宝贵的时间，还限制了学生的独立思考能力和主动探索精神。

"我们作为科学家，应该如何处理这个问题？"

为了回答这个问题，孩子们少不得需要在一段时间内将自己想象成科学家，这样才有可能按科学家的身份做事。请注意，将学生视为科学家（"作为科学家"）这一主张是作为既定的认识被引入的，而不是作为新信息提出的。由于这种认识已经被广泛接受，因此它较少受到质疑或引起争议。

当然，仅仅贴上身份标签并不足以完成所有任务。我们需要深入理解科学家（或数学家、作家）的工作实质以及他们的语言和行为方式。在一个班级中，老师们自称为"资深研究员"，有时也会称呼孩子们为"研究员汤姆"。在课前，他们总会反复强调："我们是研究员，我们的任务就是进行研究。"当孩子们期望老师直接给出答案时，这些老师会回应道："研究员总是努力自己寻找答案。"这样的回答不仅鼓励了一种社群实践的集体身份认同，即"像我们这样的人"会采取这样的行动方式，也打破了孩子们原有的认知框架——"我们是传统的学生，你是传统的老师，我们在学校里学习"。实际上，老师们在暗示："抱歉，你可能走错剧场了。我并不认识那些演员，也不了解那个剧情。在这里，我们的剧本是这样的。"他们进一步强调，当他们在对话中使用"我们"时，指的是作为研究员的这一类人。

这种在研究社群中的身份认同，不仅是学校教育的一项重要成果，也是塑造孩子们的课堂参与感的有力工具。这样的身份为学生们提供了责任感和合理的行为方式的指引，特别是在与同伴和研究对象的互动中。这些身份蕴含着社群的概念，因为身份既与独特性相关，也与归属感紧密相连。在这样的教室里，老师们的目的不仅仅是传授学科知识。正如埃德·埃尔贝斯（Ed Elbers）和利恩·斯特里芬德（Leen Streefand）在数学领域提出的"数学化"理念：将日常生活中的问题转化为数学问题，并利用从这些活动中衍生出的数学方法来解决实际问题。通过这种方式来学习科学、写作、数学等学科，打破了学校与"现实世界"之间的隔阂，从而提升了孩子们学习的重要性和影响力。

"作为一名作家，你今天在做什么呢？"

这个问题有几个鲜明的特点。首先，它以作家做的事情来限定学生今天的活动，并邀请学生围绕这一角度展开对话，而非仅以学生身份来完成老师布置的任务。其次，通过明确提出"已知"的假设——假设一即学生就是一名作家，假设二即将要从事与作家相关的工作——使人们难以否定或拒绝这个身份或行为。这些设定是不容讨论的，学生必须做出"作为一名作家，我正在研究老虎以便写书"等类似的表述。这个对话的设计者强烈要求学生接受特定的角色（作家），并承担特定的叙述任务（作家式的创作）。学生被温和地引导着，甚至是被推动着，去演绎一个以作家/研究者为主角的故事，在此基础上，老师才有可能根据细节和情节进一步丰富他们的故事。

"我想知道，作为一名作家，你是否已经准备好了……"

这一提问不仅引导学生从个人发展和心智成熟的角度来反思学习，同时也激发了他们追求更加成熟的形象的欲望。这个问题在很大程度上取决于学生是否认同自己是作家，以及有没有勇气接受挑战。如果学生接受挑战并成功克服了困难，那么在老师的启发下，她就会情不自禁地想象自己作为作家是如何挑战成功的。以这种方式战胜困难是非常有诱惑力的，它促使学生接纳这一新身份。如果老师询问她是如何做到的，她能够详细地讲述自己克服困难的过程，在这个故事里，她是获得成功的主角。

"我敢打赌，你一定为自己感到骄傲。"

因为取得成就而骄傲，这种感觉令人愉快。骄傲可以形成催人奋进的内驱力，但它同时也是一种容易引发关注的复杂情感，因为它有两种形式：真正的骄傲和傲慢的骄傲。傲慢的骄傲是我们经常在体育比赛中看到的那种自吹自擂，是负面的。它通常与攻击性、敌意和社交焦虑相关联。有傲慢骄傲感的人往往更喜欢贬低他人、争取高人一等、控制他人而非给予支持。真正的骄傲伴随着创造力，拥有社区导向、友好和亲社会的立场，并且与良好的自尊相关。毫不奇怪，真正骄傲的人多少是受人欢迎的。因此，我们希望大家关注骄傲，必须确保它是真正的骄傲——为想办法战胜障碍和完成挑战性任务而骄傲，为面向社区的亲社会行为而骄傲，为协作解决问题而骄傲。

我们要避免因话语或情境引发傲慢的骄傲，这种骄傲可能源自人际比较和零和自尊感，或者仅仅基于成就本身，而不考虑成就背后的努力。相反，我们应该将骄傲的焦点放在完成积极事物的过程上。因此，如果我们要让他人感到骄傲，也许应该告诉他"我敢打赌，你一定为自己感到骄傲，因为你没有放弃那个项目"。或者告诉他"因为你帮助小伙伴解决了那个问题"。这意味着，我们要围绕成功战胜问题、逆境或自身局限性来构建叙事，重点不是战胜他人获得胜利。一般来说，"我敢打赌，你一定会为自己感到骄傲，因为（重要的过程、策略、挣扎……）"这种叙述强调了独立性和行为主动性。同时，老师依然会因为学生在成长过程中展现出的努力和进步而感到骄傲。

我们希望孩子们关注做事情的过程，以及在这个过程中展现的行动能力；我们希望他们建立积极的身份认同，认识到他们在这一建构过程中的主动性。当我们讨论书籍、新闻或其他事件时，我们也许会说"我想成为那样的人"或者"我希望自己在那种情况下也能选择成为……样子的人"。我们希望孩子们能像迪安德拉那样，体会到"我觉得我的思维能力提升了"。

那些改变了我的书籍

二年级和三年级的教师梅里·科马尔（Merry Komar）在她的教室里制作了一张锚点表，名为"改变我的书籍"。孩子们在这张表上记录了自己心目中的改变人生的书，以及这些书是如何改变他们的。这张表并不叫"我最喜欢的书籍"，恰好相反，它反映了人们的一种期待，期待书籍能成为改变自己的工具。其中暗含了一种假设前提，即我们对自己的成长有一定的主动权，我们在一定程度上是自己人生之书的作者，可以自己定义自己。艾伦曾经在这个班级里学习了一年，当被问及那一年有没有什么书籍改变了她的人生时，她回答道：

"《痛苦和伟大》(*The Pain and the Great One*) 改变了我，因为当你有兄弟姐妹时，你会觉得别人得到了更多的关注。杰克是我弟弟，他患有自闭症，我们俩对此有同样的感受。所以，我现在即使对他生气，也不会因为他做了一些不值得责骂的事情而大声叫喊。相反，我心里会想，他都这样了，为什么我还要做一些让他更难受的事情呢？"

意识到书籍可以成为自我建构的工具，感觉掌握了自我叙事的主动权，孩子们可以得到强大的赋能。埃莉斯也是塔克女士班上的八年级学生，她有类似的看法：

"我读了一些关于坏人的书。以前，我戒备心很重。如果你不喜欢我，那是你的问题。我就是我，如果你有问题，那是你的事。后来，我读到了那些坏女孩的书——她们那样看问题、她们经历的那些事情，我读着读着就开始反思。因此，大概就是说，我现在比以前更友善了，同时也更有活力了。"

这种见证自己不断成长和变化的感觉，将为我们提供一个牢固的锚点，帮助我们构建起意义体系。

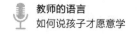
社区认同

我们是社会性动物，我们的身份既是集体的，也是个体的，个体身份和行为受集体身份的影响。作为教师，我们希望在班级里建立一个既传授知识又给予关爱的集体氛围。因此，我们讲讲整个团队的事情。

与其使用课堂上的例子，不如先借用一些带有政治因素的话题，因为背后的原理是相同的。我来自新西兰，在新冠疫情期间，新西兰的防控措施特别成功，控制住了死亡率。当时的新西兰总理是杰辛达·阿德恩（Jacinda Arden）。她鼓励人们参与到包括封城在内的艰难的防控措施中去，参与应对其他全国性挑战，这些话非常有效果，因而广受分析。她的很多言论都基于并增强了与个体行为相关联的集体认同，就像一位授课教师可能会做的那样。她说的话包括以下这些。

- （新西兰）是一个多元、友好且富有同情心的地方。
- 我们的人民顽强、有韧性……我们的未来取决于我们的共同努力。
- 我恳请你竭尽所能保护我们所有人。没人能独自完成这项任务，你们的行动对共同努力控制新冠疫情来说至关重要。
- 我们是一个五百万人的团队。
- 最后一句话：心存善意。大家都想当执法者，我理解这一点。大家感到害怕和焦虑……我们需要你们，需要整个社区，需要大家相互支持。今晚回家时，去看望一下你的邻居，为你所在的街道种下一棵"电话树"，制订彼此保持联系的方案。只有团结一心，我们才能一起渡过这个难关。所以，请你坚强，也请你善良。

人们需要归属感，阿德恩的话语构建了一个让人们归属其中的爱心社区，这是新西兰人整体的性格特征。她指出，个人行为对决定社区整体福祉起着关键作用，她期待每个社区成员都能体现出共同精神。她认识到人们在面对逆境时会产生消极情绪，并将其视为正常现象，同时为他们提供了建设性和可持续的方式来构建和维护一个符合关爱型身份认同的社区。我们在课堂上也是这么做的。为了强化互相关爱的班级氛围，我们和学生一起思考《每一个善举》(*Each Kindness*)、《隐形男孩》(*The Invisible Boy*)、《和平周》(*Peace Week I Miss Fox's Class*)和《鲁比·布里奇斯的故事》(*The Story of Ruby Bridges*)等书籍，并就善良、营造关爱型环境以及导致分歧的事物进行了讨论。我们选书时，注重书中角色与读者的共鸣，并且书中包含与个人生活经验相关的道德困境。在这个过程中，我们使用与阿德恩类似的语言来构建积极集体意识。我们还帮助孩子认识到，他们个人的语言选择如何影响社区的特质。

身份与刻板印象

我们划分不同人群时，经常会赋予他们一组普遍的特征，这些特征即适用于该群体成员的刻板印象。刻板印象影响了我们看待学生的行为、能力、个性以及学习动机的方式，影响了我们对他们的学习期望和行为反应。

一旦刻板印象开始产生影响，它就变成自我实现的预言。学生们可能会无意识地生活在其中。例如，只需在试卷开头处设置一道人口统计题，让非洲裔美国大学生注意到自己所属的种族，就能降低他们的考试成绩，因为他们觉得自己有被贴上刻板印象标签的风险。对于性别和种族的刻板印象甚至影响非常年幼的儿童的学习表现。例如，纳丽尼·安巴迪（Nalini Ambady）及其同事让 K–2 年级的亚洲裔美国女孩在数学考试前涂色，巧妙地激活了她们对自己的刻板印象。一些女孩涂色的图片是两个亚洲孩子用筷子吃饭，另一些是一个女孩抱着洋娃娃。对照组的涂色图片则在性别和种族上呈现中立态度。在数学测试中，被提示关注自己亚洲裔身份的女孩比对照组表现更好，而被提示关注自己性别的女孩比对照组则表现更差。研究人员发现，用语言暗示刻板印象也会让中学生出现同样的情况。刻板印象不仅让人们承受着被视为其代表的压力，还可能因为不慎做出符合这些刻板印象的行为而感到焦虑。正因为如此，我们不应将学生个体当作其整个种族或民族群体的代表，或要求他们对其种族或民族群体的历史行为负责。

我们说话时，稍不注意就会激活他人的刻板印象。比如："男孩们，女孩们，学数学的时间到了。"其实这些性别标记并非必要，我们完全可以采用别的表达方式，比如："我的数学家们，来做数学题了。"有些研究试图改变人们的种族偏见，这些研究也为我们提供了指导。培训包括讲述富有表现力的故事，这些故事的成功在于培训参与者与故事中的人物产生强烈的共鸣。如果培训不仅仅是将黑人与积极品质联系起来，还将白人与缺点联系起来，明确指出人们都会犯错，做善事，有时也会做出不那么好的事情，这样的培训也会更加成功，我们称之为学做人。

这些研究结果对师生的书籍分享有重要的影响，我们在选择书籍类型及分享方式时就有了依据。例如，我们选出的书籍讲述了不同人物在不同角色中的故事，我们鼓励孩子们代入这些视角去探索人物的思想和感情，这些内容将在第 6 章中详细讨论。关于内群体和外群体的研究同样显示，采纳外群体成员的视角可以改善对外群体的态度。不仅如此，它还减少了对其他外群体成员的偏见和歧视行为。然而问题在于，换一个其他外群体，人们的态度并不会随之调整，这也是为什么我们需要包含各种身份和各种人物角色的书籍——包括作者和插画家在内，这样，每一个孩子都更容易为自己找到一个对应的角色。艾伦·兰格认为，之所以产生刻板印象，是因为差异出现

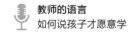
时，我们匆匆一瞥便移开了视线。要瓦解刻板印象，我们心里必须得承认，每个人都是独一无二的。我们与兄弟姐妹不一样，和父母不一样，和最亲密的朋友也不一样。

不断进步的语言（和社会）

　　一个不断进步的社会希望杜绝贬低性或伤害性的语言。但我们生活的语言中却充斥着一些针对不同群体的表达方式，比如"哑巴""瘸子"。我们是可以不用这些表达的。一些歧视残疾人群体的语言也是如此。我们努力按正确的读音来念孩子的名字，同理，我们也应该以尊重他们的方式来谈论残疾人或与他们交流。将"正常人"与残疾人对立起来，会强化残疾人的"不正常"特征，最好称他们为非残疾人。毕竟，所有人都只是暂时能够做到某些事情，这一点随着人的衰老而逐渐变得清晰。年龄越大，不能做的事情越多，我猜测没有人希望"无能为力"成为自己的核心身份特征吧。身有残疾的人也一样，因此，当我们谈到某个残疾人的事情时，除非谈话内容与之相关，否则不必提及残疾。我们也不希望削弱他们的行动力，因此应避免使用"受害者""患病"或"离不开轮椅"等词，因为这些词语会引起怜悯之情，相反，像"坐轮椅"和"轮椅使用者"的说法就很好。有些表达不一定能随便找一个词来替代，而且语言也一直在变化之中。"不同能力者"和"有挑战性的"这类委婉语曾经出现过，但如今往往被批评为对重要议题（如可及性、适应性和残疾本身）的回避。这种避而不谈的做法，反而让人们将这些议题引以为耻。

但什么是恰当的说法，残疾人群体内的观点也不尽相同。例如，有些人喜欢用"有残疾的人"这个说法，有些人则喜欢用"残疾人"这个说法，每个个体都自有敏感之处。尽管残疾人群体普遍不希望残疾成为自己的主要身份特征，但也有一些人例外。例如，首字母大写的"the Deaf"（聋人）表明这是一个有自己的文化和语言的群体，"聋"就成为群体成员的标志性特征。我们不能因为情况复杂而丧失信心、举手投降。我们都在学习的过程中。在不确定时，不妨主动询问对方希望你怎么做。万一搞错了，大不了向对方道歉。幸运的是，有大量资源可供我们积累有包容性和尊重性的语言。

改变语言表达方式的过程缓慢且让人难受，因为我们必须有意识地改变那些已经成为习惯的自发反应。我们不知道该怎么表达才好，情绪波动可能是一部分原因。几年前，我参加了一个聚会，地点在一幢崭新的大学教学楼里。教学楼一楼有一间无性别卫生间，也就是说，你走进卫生间后，会看到一侧有镜子和洗手盆，另一侧则是隔间。从理论上来说，我完全赞成将卫生间改造成这样，然而，每次使用这种卫生间，看到女性在那里补妆，我都浑身不自在。有这种感觉的并非只有我一个人。后来我去楼上用卫生间，那是男女分开的，路上遇到一个朋友，她也去。理论上，她也能接受无性别卫生间，但她还是说："我还没有准备好使用无性别卫生间。"我们之所以感到不适，是因为一直以来的做法被改变了。很多人用"他们"来称呼一个个体时也会感到不适，原因也在于此。变化虽小，但违背了习惯成自然的、理所当然的过往经历，就会导致情绪化反应。

我们会采取行动来避免这类不适，诸如减少与其他种族的学生进行眼神交流等。这种不适，我们主流文化中的人偶尔也会经历，但你要知道，这对边缘群体来说却是司空见惯的事。如果老师在课堂上将一些文化价值观强加给学生，孩子们也会有同样的感觉。2023 年，美国教师属于中产阶层，其中白色人种占 80%，女性占 75%。学生中，45% 是白色人种，这就意味着黑色人种、棕色人种、多语言儿童以及残障儿童的课堂与来自中产家庭的白色人种同伴不一样。

教学关系需要"赞同"和信任的氛围，而这些人口统计学上的文化差异，如果不加以解决，则会对同学关系造成破坏。例如，中产阶层的白色人种教师发出指令时常用委婉的措辞，比如"你现在想看书吗？"，但习惯于直截了当的孩子们会把指令错当成简单疑问句来回答，这可能让教师感到困惑甚至不悦。我们得意识到，这只不过是沟通失误，而非故意不服，否则就无法避免互动时遇到的麻烦。未能识别学生的语言及互动模式，不了解他们的"知识体系"，甚至认为他们低人一等，诸如此类，往往会削弱师生关系。这些毕竟都是孩子们身份认同的一部分，我们应该关注学生们带到课堂中的本土语言和文化知识资源，并找到利用这些资源的方法。

在这方面，有一些可用资源。

补充材料

想了解自己的教学对孩子们的文化身份发展有何影响，这里提供两种方式。第一种，录音。将围绕书籍和写作的课堂对话录一些下来，比如写作讨论，并根据本章提出的问题来听取这些录音。视频录像也很有用，还能收集身体姿态、参与度、面部表情等额外信息，但信息量可能过于庞大，一次难以处理完毕。第二种方式更直接，即到班上找几名学生谈话，围绕以下这类问题展开："你觉得这个班上有不同类型的读者（作家）吗？"

如果你现在尚未独立带班，为了帮你推进，请阅读以下与曼迪的对话摘要。阅读时，请思考：

- 有什么被关注、被确认了？
- 这名学生正在形成怎样的身份认知？
- 哪些课堂对话使这种身份成为可能？

答题时，请指出你所依据的证据。然后安排一些与这位学生互动的活动，改变她对读写素养以及对自己读写能力的理解。

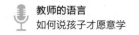
曼迪

曼迪说，一个好的作家"写东西写得快……（例如）当老师让我们写故事时，她甚至用……不到十分钟"。曼迪不和其他学生聊他们的写作，她"大概不想让他们伤心吧，因为有时候有人走到他们面前说'哦，你写得不好'之类的。然后，他们就会告诉老师……"。曼迪认为他们不应该替别人出主意，"因为那样就是把你自己脑子里想的东西给别人了，然后他们可能写出一样的故事"。

她说，好的读者"都是安静的孩子，他们只听不说……自我挑战……读有章节的书"。我们让她描述自己作为读者或作者的情况，她说她不知道我们在问什么。她不知道如何了解别的孩子作为读者或作者的情况。

我们问她，他们上课时是否进行研究，她说她不确定这是什么意思。经过解释以后，她说他们不做研究。曼迪期望她的成绩单上是"优秀"，并且有这样的评语："曼迪表现良好，对其他同学很友好。"至于如何帮助一位同学成为更好的读者，她会告诉他："别瞎闹，因为你越是瞎闹，名字就越会被写在黑板上打叉……如果不认识单词，不知道怎么读或者不知道什么意思，就去查字典。"

说到看书，曼迪既没有将不同书籍融会贯通，也没将书籍和她的个人经历相联系。

第 4 章

有掌控感，会想办法

我为自己感到骄傲。我以前参加（全州）考试从来都是不及格，但这次及格了。我打算放手去尝试，因为现在我相信自己任何事情都能做到。

——八年级学生达拉如是说

我能够注视着自己说："好的，这些事情我必须完成。好的，我要放松，慢慢来，细嗅玫瑰芬芳，同时我也要规划未来。"

——八年级学生玛尔塔如是说

小孩子必须有一种"是的，我想我能做到"的信念。老师也必须把这个孩子当作有能力的人来对待，并基于这种认知去设想其他可能。

——安妮·哈斯·戴森（Anne Haas Dyson）

孩子们从学校毕业时，如果没有其他因素干扰，他们应该有这样一种感觉：但凡他们开动脑筋、采取行动，就可以实现目标。这种感觉就是掌控感。有些老师非常擅长激发孩子们内在的掌控感，本章将讨论教师语言对掌控感发展的促进过程。简而言之，环境对行为做出响应时，掌控感的星星之火就被点燃了。许多研究者认为，掌控感是人类最基本的诉求之一，即便是小婴儿，在发现自己的行为似乎能产生影响时，也会表现出兴奋。他们在摇篮里扭来扭去，这时，如果摇篮上方的移动物体也跟着一起晃动，他们就会激动不已。父母和看护人对婴儿的回应不仅会增强婴儿的掌控感，也能促进他们语言的发展。双方都从这个过程中受益，婴儿为表达做出的努力也影响着看护人对他们的回应。从生命开始，到生命结束，人们总是渴望掌控局面，这种渴望如此强烈，一旦我们感觉不到行为和事件之间的关系时，就会变得沮丧无助。父母若受抑郁症困扰，通常对婴儿的回应较少，这不利于婴儿的成长。

因此，拥有掌控感至关重要，因为幸福取决于此。然而，培养掌控感靠的不只是行为与事件之间的巧合，虽然对婴儿来说可能的确如此。多数时候，行为（比如写出一个好的开头）与后果（比如吸引人们阅读我们写的文章）之间存在延迟。后果不仅延迟，而且通常并不立即显现。人们喜欢读我们写的东西，但我们必须弄清楚原因——也许只是凑巧了呢。这时，教师语言的中介作用就很关键了，同时，人类对故事的天然喜爱也有了用武之地。师生间的交流帮助孩子们建立起了行动与后果之间的叙事桥梁。通过这种交流，教师让孩子们认识到，采取有策略的行动就能够成功完成任务，并且他们正是有能力完成任务的人。

作为人类，我们不断地对他人和自己讲述关于自己的故事，而这些故事塑造了我们对自己的认知。从某种意义上说，我们在叙事中体验自己，正如凯瑟琳·里斯曼（Catherin Riessman）所说："个体通过讲述自己的故事，成为自传体叙事中的人物。"作为一名作家，我会遇到许多问题，为了解决这些问题，并直面我在写作过程中将要进行的无数遍修改——相信我，没骗你——我必须为自己写出一篇故事，在故事中，我能够积极面对并解决问题。我就关于我自己的写作与他人对话，也和我自己对话，从一定程度上来说，聊着聊着，我的关于自我形象的信念就形成了。

因此，要理解孩子们的掌控感是如何发展的，就要看看我们让孩子们安排了何种类型的故事来进行自我讲述。就像我们可以在故事中将自己描绘成有掌控感的积极主动的主角，也可以将成功归因于别的因素——比如说，考得好是因为老师问的问题太简单，或者只是运气好，等等。在自我叙事中，把自己安排到一个被动消极的位置上与培养掌控感的目标背道而驰，杰罗姆·布鲁纳（Jerome Bruner）称之为"受害者心态"。

那么，问题来了，我们如何才能让孩子们在自我叙事时讲出一个胸有成竹的成功角色的故事呢？好的自我叙事的关键在于，主角碰到问题时会想办法，并且办法往往能奏效——虽然不一定每次都奏效。接下来，我将以一些教师启发孩子的方法为例，这些教师的语言很可能影响了孩子们在自我叙事时感受到的掌控感。

"你是怎么想出来的？"

当孩子们成功解决问题时，用这个问题邀请他们回顾完成目标或解决问题的过程或策略。要回答这个问题，孩子们必须像这样说："首先，我……"诸如此类。也就是说，它鼓励学生将自己作为行为主角来叙事。除此之外，这个问题也培养了学生对自己语言能力的掌控感。

用"你是怎么想出来的"来培养孩子们的掌控感特别重要。有些老师教孩子们解决问题的办法，但孩子们还是不会自己想办法，这样的课堂极为常见。仅仅知道办法既不能保证学生积极、灵活地应用这些办法，也不能带来掌控感。玛丽·克莱专门谈到这个问题：要让学生学会想办法而不仅仅是教给他们一些办法。教学生想办法需要让孩子们动脑筋，并带领他们复盘，通过有意识的叙述，回顾他们自己想出来的办法如何解决了问题——"你自己想到了那个棘手的词，是怎么做到的？"在这个过程中，孩子们掌控着解决问题的过程，并被要求有意识地在叙述中认识到自己的掌控力。通过这样的练习，孩子们逐渐可以在更广泛的场景中想办法解决问题。

　　这种策略是安排学生在没有完全意识到的情况下独立地弄清楚某件事情，然后进行反思，它被称作"揭示"（revealing）。考特尼·卡兹登（Courtney Cazden）将此与"告知"（telling）进行了对比。告知这种教学方式以教师的明确讲解开始，然后学生练习所学内容。我认为，揭示法比告知法更难，因为老师需要考虑到孩子当前的理解能力。揭示法的好处在于孩子真正完成了构建过程或解决了问题，从而才有可能获得掌控感。而告知法则相反，它让学生知道了答案，但有时候答案并不一定管用。正如玛丽·克莱所指出的那样："在阅读过程中，我们多数时候的多数行为都需要在无意识状态下进行，以便快速有效地处理文字信息，我们的注意力要集中到信息本身上，而不是为了理解信息而做的工作上。"

　　"你是怎么做到的？"这个问题还有一个附加好处，当孩子们讲述自己如何想办法解决问题时，他们同时教授了其他学生这些办法，不必让教师成为所有知识的单一来源。将这种类型的对话自然化，为学生之间继续开展这些对话创造了可能性，从而在不增加对孩子"被告知做什么"的程度的情况下，提高了可用的"明确"指导水平。

　　"听起来不错"，你可能会说，"那么如何才能为孩子们创造更多讲述和回顾的机会呢？"下一个问题马上解答你的疑惑。孩子们必须直面问题，才能有机会主动叙事。

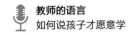
"今天你遇到了什么问题?"

学生显然会遇到问题,这么一问,其实表明遇到问题是正常的,每个人都会遇到问题。因此,谈论如何面对和解决这些问题也就合情合理了。这个问题还帮助学生识别问题,并将其视为学习的机会,同时也为后续问"如何解决问题"提供了可能,让学生有机会积极主动地讲述前因后果。我们还可以进一步发问,如"有没有人遇到过类似的问题?你们是如何解决的?""还有什么方法可以解决这个问题?""如果我遇到这个问题,会怎么做呢?"。每个问题都为积极主动的思考提供了更多可能。孩子们可能回答说,他们请教了别人解决方法,这也是一种积极主动的行为:"请教别人是解决问题的好方法,这样下次我们自己就知道该怎么解决了。还能尝试别的办法吗?"

这些提示语帮助孩子们将这些做法内化为自己的一部分,这也使它们更具操作性。例如,当孩子们遇到问题时,教师可以问:"你能做什么吗?"这样的提问有几个好处。它提醒学生可以主动采取行动——"我可以做些什么",并鼓励他们探索各种可能性,而不是要求他们一定尝试某种方法。这与"大声读出来"或"现在应该怎么做"等提示方式大不相同,因为后者只是要求学生执行某种策略,而前者让孩子们在想办法时可以掌控探索和选择的过程。在这种环境中,孩子们从外部控制向内部控制发展,使他们能够在没有教师支持的情况下想办法独立解决问题。"你可以怎么解决这个问题?"也有类似的效果，它要求学生构想出一个可以操作的行动计划，并使他们更加乐观。

"你打算如何处理这件事？"

"打算"意味着做好准备，且以一种能够达成目标或推动进展的方式表述。这是最具意识性的策略性行为，因为它发生在我们陷入事情的中途之前。这是一种非常主动的掌控性行为。这个问题假设学生已然有了一个计划，尽管有些学生可能因为没有计划或从未想过要有计划而感到困惑，但这个问题有可能催生出一个计划，并让他们开始思考如何实施。不过我们做计划时并非总是这么直接，有可能会是另一种形式，比如，"今天我们需要检查一下科学实验和数学题。你们认为今天上午需要多少时间来完成研究项目？"老师总是在上课时制订各种计划，一看这个例子就知道什么叫作计划了。让学生对时间的利用有了选择权（尽管不能选择具体做什么），并要求他们在头脑中进行任务分析，这是计划的关键步骤。这让学生们真正有机会共同制订下午余下时间的计划。主动想象可以怎么做，之后用其他问题来回顾复盘（比如"你是如何……的？""你的计划是否有用？"），这就叫计划。

"你写这篇文章的目的是什么？"

这个问题和前面的问题一样，既在做计划，又非常有力量，因为一篇作品必须要对准一个靶向（你也可以叫它目标或者计划），只有接受这个前提，才能回答此处的问题。有些孩子可能从来没有考虑过这个问题，问他们这个问题，就让他们有可能往这个方向思考。长远来看，这种做法也鼓励他们按照这样的方式来写作。同时，这个问题也让老师进一步推进孩子们对写作的掌控感，比如："你接下来会想什么办法达成目标？"

"哪部分你是确定的，哪部分你不确定？"

这个问题适用于那些意识到自己的单词拼写不规范的学生，引导他们留意正确部分，然后再专注于修正错误部分，这样，问题更集中，从而更容易解决。接着，老师会问："这部分还有其他拼写方式吗？"学生可以尝试不同的拼法，从中找出正确的拼写方式，成功地拼写出这个单词。老师随后问："你是怎么想到正确的拼法的？"这样学生就可以主动讲一遍自己正确拼写的过程，巩固这样的拼写方法。

而"哪部分你是确定的？"这个问题用另一种方式将注意力集中到正确的部分上，强调了成功体验对培养掌控感的必要性。拼错了同一个单词的学生，一个可能觉得自己拼得不错，另一个却觉得自己拼得很差，这取决于他们关注的是拼写中错误的部分还是正确的部分，取决于他们写这个单词的过程，或者取决于他们是否关注所拼写单词是否达到了预期的对读者的影响。我们用什么样的语言与孩子互动将会影响他们看待这些事件的整体态度，也会导致这些事件对他们的掌控感和自信心发展的不同影响。

"我真的对你创造的这个角色很感兴趣，而且他说的那些事情太有趣了。如果你能让我了解他的说话方式和外表，我对这个角色会更有感觉……"

同样，这段话首先是将孩子们的注意力吸引到他们完成得好的部分。它通过读者的反馈来表现作品的优点，展示作者对作品的掌控。这样，一来避免了表扬的必需，因为表扬太多会让学生产生心理依赖，二来也让实习作者们学会如何自行判断自己的文字是否或将会达到效果。

然而，仅仅指出学生做得好的地方还不够。教学需要超越这一点，去关注学生的后续学习过程。我们深知后续的重要性，所以喜欢这样对学生说："我真的对你创造的这个角色很感兴趣，而且他说的那些事情太有趣了。但是你还没有……"一个"但是"，成功地削弱了前半句话的效果。反馈方式中的"而且"至关重要，前半部分肯定性的因果关系要保留，后半部分这样表达也许会更好："如果你能……那么……"。换句话说，这种结构勾勒出一个未来的可能性，包括观众的反应、导致观众反应的策略以及将学生作为主动主角的表达方式。只需要"而且"这一个词，就可以改变整体反馈的氛围，激发孩子们按反馈意见改进的积极性，让孩子们树立更积极的自我认知。

这并不是要忽略"但是"的价值，"但是"一词的功能不同，它将冲突呈现出来，要求得到解决方案。例如，当学生将别的词错读成"went"时，老师可能会说："'went'是合理的（肯定），但如果是'went'，你会看到哪些字母呢？"以这样的提示将问题提出来，等待学习者自己回答，而这通常需要他们重新组织自己的认知。请注意，首先仍然要肯定学生。虽然这种肯定有一些赞扬的性质，但它们是完全不同的。它将互动中富有成效的来源归因于一个合乎逻辑的理由或根据，假设学生已经使用了这个理由或根据。无论学生有没有使用这个理由，重述时都会暗含这个理由，让人不得不接受这样的归因方式。事实上，这种理由是说服性叙述的关键部分，一些学生需要经过老师认真的劝说才能放弃旧有的无效叙述。也许你自己在生活的某些方面也曾遇到过这种情况。

对这段引用的讨论即将结束，在此，我要告诉大家"如果（如果你……）"的重要性。我们讨论写作时，这两种说法差别非常大："如果你要介绍和猫相关的信息，会选择放在哪一部分"与"在此增加关于猫的信息"。前者为实际操作留下了选择的余地，但强调了背后的思维过程（重要的教学部分），而后者则没有提供任何选择——这会降低自主性和掌控感。事实上，提问题和下命令对动机、掌控感和身份的影响非常不同。

"就像凯文的故事。他一开始就告诉我们说，他写的是一个孤独的男孩，好让我们都关心这个角色。（老师看着凯文说）你做出了一个有意识的选择。"

老师在朗读的过程中暂停，将作者的写作过程与学生凯文的写作过程联系起来。这段话中的关键词是"选择"。选择是掌控感的核心。做出选择需要行动——最好是经过深思熟虑再行动。我们常常以特定的方式做事，或从特定的角度看待事物，却忘记了还有其他选择。老师的评语提醒了凯文和全班同学：作者可以做出决定，也应该有意识地考虑这些决定。老师将学生的创作与学生钦佩的已出版的作品联系起来，用确凿的方式宣布了凯文的作者身份，这种方式让全班同学将凯文视为作者，打破了凯文与其他已出版作品的作者之间的障碍。这样高度赞扬的效果已不是简单的"表扬"可以相提并论的了。这样公布的信息，即使公开认可，也不会带来某些副作用。因为公开表扬某个人，似乎总是伴随着"不表扬"其他人的风险。"好"可以是表扬，但若在之前表扬了另一位学生的"精彩"，则"好"可能就变成了"淡淡的表扬"。

在老师的点评中，与"选择"相关的内容包括如何进行富有成效的选择。例如，"我注意到你选择以诗歌的形式来写这个故事。为什么呢？"，这种提问要求学生解释原本也许是无意识的过程，坚持要作者讲述做决定的过程，还要求学生以作者的身份来叙述，这让全班同学的讨论范围更加广泛，涉及

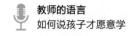
不同体裁的选择及其理由。

在课堂互动中强调选择的重要性非常关键，这让孩子们可以掌控自己的写作。有时候，他们的行为可能很有挑战性，从长期来说，改变这种行为的第一步是提醒他们，他们的行为是一种选择，并帮助他们思考其他选择及其后果。想象不同的选择也许对他们帮助很大。有时候，孩子们可能不会认为某件事情有选择，因为他们无法想象做出其他选择的可能性。这时，我们需要提出"假设"或"如果"的可能性，或者告知他们其他信息，从而开启新的可能。例如，我们可以问"熟悉的大作家、备受尊敬的人会怎么处理这个问题？"或者"另一个熟悉的大作家、备受尊敬的人会怎么做？"。雷切尔·怀特（Rachel White）及其团队的研究表明，如果在年幼的孩子参与任务之前问他们："蝙蝠侠会怎么做？"他们的表现会更好。部分原因是这个问题在自我和任务之间拉开了一定的距离，还有部分原因是一个有能力期望值的身份（如医生、科学家）会改善人们的表现，至少对成年人来说是这样。这些问题不仅让孩子们注意到有意识地进行选择的必要性，还引导他们想象有哪些选择的可能性。

"为什么……"

问"为什么"是探究的精髓。一旦年幼的孩子们开始关注为什么，他们就会意识到这些问题在理解（某些）事物的运

作方面是多么有用。问"为什么"，可以为孩子们打下科学和
逻辑的一部分基础，此外，还可以培养孩子们的说服能力、辩
论能力以及逻辑思维。

　　我们还可以将"为什么"应用于人类行为的各个方面。
诸如"为什么（作者姓名）会选择这样做？"。这样的问题要
求学生将写作视为在根本上有意且充满决策的行为。习惯了
回答这样的问题，批判性读写能力就有了发展的基础。有了
"为什么"，词汇选择、意识形态和个人利益就有可能成为阅读
时的重要考量因素。"为什么"这个问题还要求作为读者的孩
子将自己想象成作家，在阅读和写作之间架起一座桥梁，这样
做有助于将某方面的学习收获和另一方面融会贯通。想象作者
为什么做出特定的选择，开启了以不同方式做事的可能性，因
此我们就可以问："她（作者）还可以采用其他方式吗？"

　　当然，针对学生自己的作品，我们也可以问"为什么"，
例如"你怎么能以不同的方式做到这一点的"。两种方式共同
建立了阅读和写作之间的必要联系。"作者为什么选用那个
词？""她还能用其他词吗？""她用那个词来描述（一个角
色）时，你认为我们的看法会改变吗？"这些问题都是在往同
一个方向引导学生，让他们知道，所有作者都一定有自己的写
作意图和政治倾向。这一点一旦确立，孩子们就拥有了不受制
于作者意图的阅读能力，也就更有可能进行批判性阅读。孩
子们在问答之中，开始想象作家有没有系统地遗漏什么——声

音、观点、细节——并对自己的阅读有了掌控力。

问"为什么"角色会这样表现，将提升孩子们揣度他人的能力，也就是常说的"读心术"，我们将在第 7 章中讨论这个问题。然而，"为什么"对解决课堂上的情感社交问题帮助不大。例如，孩子们打架时，你问他们为什么打人，他们找出的原因五花八门，而且越说越生气。在这种情况下，老师最好先确认"战士们"的情绪，这样他们就能认识到自己有些什么样的情绪，而不必继续纠缠其中，然后再问他们："出了什么事？"听取了他们的观点后，我们可以对问题进行描述，为他们拉开一点心理距离，用他们都认可的方式来描述问题。现在我们有了一个不是个性化的但有可能解决的问题。我们可以设法找到可能的解决方案，根据需要提出选项，最后为他们提供一个他们可以接受的主动叙述："你们自己弄清楚了问题是什么，以及如何解决问题。在这方面，很多成年人都不知道怎么做。"

强有力的叙述

读写训练和学习中的掌控感对于个人的自信心和幸福感以及学业表现都很重要。它也是生活中必不可少的一部分，尽管个体的掌控感并不足以实现生活中的所有目标。个人和集体的掌控感的培养都很重要，因为在许多情况下，个人无法独自解决问题或产生影响。集体掌控感在个人掌控感的基础上增加了集体的力量，这种能动性可以带来有益的情绪，同时还可以通过集体活动培养归属感。

让我们为自己带来美好的一天！

补充材料

分析以下对话内容，判断教师是否培养了学生的能动性，是否提升了他们对自己学业的掌控感。

对话一

比尔：这一页你做得很认真。哪一部分感觉有困难？（学生彼得指着单词"through"）看看图片，告诉我她做了什么。

彼得：她跨过了篱笆。

比尔：这里用"跨过"也可以，但检查一下你读得是否正确。

彼得：不，不是跨过。

比尔：你怎么知道？

彼得：没有"k"。

比尔：很好，检查得很仔细。可能是哪个词？

彼得：我不知道。

比尔："穿过"吗?

彼得:哦,是的——"穿过篱笆"。

对话二

凯西:今天的故事叫作《地毯上的猫》(Cat on the Mat)。看看标题的最后一个词,那个词和你的名字一样,对吧?（对话中的两个单词的发音相同）

马特:我不知道。

凯西:当然一样啦,你的名字是马特(Matt),而这个词是"mat",只有一个"t",不像你名字里有两个"t"。现在,我来朗读故事,你跟着我读。"猫坐在地毯上。山羊坐在地毯上。牛坐在地毯上。大象坐在地毯上。SSppstt。"（猫吓走其他动物的声音）你能拼读出这些字母吗?

马特:（试图拼读 SSppstt）sssssss.Tttt。

凯西:很好。那我接着把这个故事读完:"猫坐在地毯上。"

这两个对话都出自一本优秀的书籍《伙伴学习:阅读恢复中的教师与孩子们》(Partners in Learning: Teachers and Children in Reading Recovery)。虽然第一个对话中的教师对学生的指导部分有效,但总的说来,书中这两个例子都存在问题。第一个对话的问题在于，老师没有意识到彼得把角色弄混了，误以为"她"指的是狐狸。第二个对话的问题在于文本 /任务的难度以及老师对阅读教学的认识，即她试图做什么。她试图让学生识别和拼读超出他当前能力的单词，而不是帮助他学习阅读这个故事。

第 5 章

成长型思维

> 那些自认为不会写作的孩子们还真不需要拼写课程，至少一开始不需要。他们需要学会不畏惧动笔。
>
> ——凯蒂·伍德·雷和莉萨·克利夫兰（Lisa Cleaveland）

是什么让孩子们害怕尝试？克劳迪娅·米勒（Claudia Muller）和卡罗尔·德韦克（Carol Dweck）在一项研究中给出了答案。他们让五年级学生们参加一项简单的测试，然后对其中一半学生说："这是你的分数，成绩非常不错，你一定很聪明。"而另一半学生则被告知："这是你的分数，成绩非常不错，你一定很努力。"接下来，他们让这些学生做一个选择：如果他们有时间参加另一个测试的话，可以从"像刚才那样简单的测试"或"也许能让你从中受益的很难的测试"中二选一。超过 90% 的"努力"的学生选择了有挑战的学习机会，而"聪明"的学生中，只有约 1/3 做出了同样的选择，其余 2/3 都不敢尝试。但这还不是问题的全部。这些学生全部参加了一项难度较大的测试，然后参加了像最初测试一样简单的最终测试。在最终测试中，"努力"的学生表现得比最初测试要好一些，"聪明"的学生则表现得比之前差。研究人员表示，他们可以把有问题的部分带回家思考，"努力"的学生们对此很感兴趣，而"聪明"的学生则没有那么大的兴趣。最后，他们让学生们记录自己的测试成绩，尽管成绩不会有任何认识的人看到，但"聪明"的学生中，仍有 40% 的人不诚实，把成绩抬高了，而"努力"的学生则觉得没有必要撒谎。

　　一个单独的反馈之所以能产生如此广泛的影响，是因为它唤醒了整个意义构建系统。"你一定很聪明"让学生们认为人们对他们是否聪明感兴趣，他们将聪明视为固定特征，是可以通过单次的测试表现来判断的。因为存在这样的信念——一种固定型思维，他们的目标就是验证自己的能力——聪明。为了达成目标，他们会避免可能导致错误或不佳表现的挑战，而别人也无法劝说他们进行尝试，因为这种信念系统会认定这些是低能力的表现。这些学生在遇到困难时不会坚持，因为坚持会导致更多低能力的证据，并且在遇到困难时，他们会怀疑自己最终成功的可能性。有时候，他们为了保持高能力的印象而被迫撒谎、作弊或推卸责任。当孩子们赋予学习这样的意义时，他们可能会因为害怕尝试而退缩。对于这种固定型思维的孩子，如果你问他："你什么时候觉得自己很聪明？"他们会告诉你，只有当他们不犯错、完成任务的速度比别人快或者比别人做得更好的时候，他们才觉得自己很聪明。

那么，那些"努力"的学生们呢？他们被引领到了一个不同的信念、目标和感受系统——成长型思维。对于他们来说，能力并非固定属性，因为努力学习可以提升能力，所以他们的目标就是不断学习。如果遇到困难，可以通过加倍努力来增强掌控感。在这种成长型思维中，学习作为目标具有特殊的意义，因为它提供了成长机会。错误和不完全正确的结果被看作学习过程的正常组成部分，因此不必害怕它们，反而要拥抱它们所提供的信息。努力学习是有价值的，因为它很可能让人学到更多东西。当他们被问及何时觉得自己聪明时，答案是在解决难题的过程中，或者用自己所学帮助他人学习时。

将成败归因于是否足够努力是一种常见且有用的观点，但这并不是我所推崇的态度。实际情况远非如此。努力只是过程的一部分。如果一个学生尽了最大努力仍然失败，那么加倍努力显然不是答案。其实在这种情况下，建议他更努力会适得其反，反而让他形成一种固定型思维模式。这时候，尝试新方法会更有效，不必更加努力。

老师讲的话稍有不同，就会激发这些迥异的思维模式，对孩子们的信念、目标和行为造成深远影响，尤其在他们遇到困难时，影响就会显示出最强大的威力。例如，当安德烈·钦皮安（Andrei Cimpian）及其团队给了孩子们两种不同的反馈时——一是个人导向的反馈（"你是个好画家"），二是过程导向的反馈（"你画得很好"），这两类反馈在孩子们一切顺利时区别不明显，但一旦到困难时刻，如果之前收到的正面反馈是个人导向的，他们对自己的艺术作品、艺术家身份乃至作为人的身份的态度都不那么积极，将来也不太可能选择从事艺术工作。而那些收到过程导向反馈的孩子则较少受到负面情绪的影响，即使过程反馈不太能促进孩子的学习，效果也是如此。想象一下，如果反馈集中在孩子使用的特定策略上，区别得有多大。

　　人们广泛研究了这些思维模式和基于这些模式的干预措施。成长型思维让人更坚强、有韧劲；固定型思维让人更无助、更沮丧。一个人的思维模式关乎其成就，对成绩低于平均水平的学生来说尤其如此。我希望这个简短的介绍能启发大家思考："我们如何才能改变孩子们，培养他们的成长型思维？"

　　很高兴你问了这个问题。

鼓励成长型思维

　　要降低固定型思维的形成概率，首先要保证让孩子们参与到活动中去。当他们全情投入活动中时，就会融入其中，忘了外貌等各种忧虑，至少暂时会抛诸脑后。在识字方面，可以让孩子们接触一些易读易懂、与他们的个人经验相关的书籍，也可以开展一些有意义的项目，比如书籍制作之类的，还要赋予他们一定的自主权、时间以及方便的支持和帮助。但老师的语言也至关重要。

"你们俩发现自己是怎么独立解决问题的吗？贾马尔，你看，你刚刚告诉对方哪里不对，并解释了原因，这不就成了。"

苏西·阿尔索夫（Susie Althof）刚刚引导两名幼儿园学生解决了两人之间的冲突，接着她提供了以上反馈。她首先肯定了两名学生，指出他们有合作解决问题的能力，也让他们看到自己改善局面的能力。苏西老师的话涵盖了一段较长的时间线，因为孩子在学习解决矛盾的过程中需要老师提供很多支持，但老师的关注点是他们如何看待已经发生的事情以及可以从中学到什么。因此，他们下次再遇到问题时——肯定还会遇到的，她就会提醒他们回想过去解决问题的经历。

帮助孩子们获得一种自主感，弄清楚如何解决这样的社会问题，可以减少对他们学业的干扰，同时帮助他们建立健康的关系，预防未来在婚姻、友谊和商业伙伴关系中出现问题。但苏西这个故事的核心是成长型思维，重点不是学生如何表现或对学生进行比较，而是聚焦策略。我在第 4 章中描述的所有内容都与培养成长型思维有关，此处不赘述。

"也许你应该想想别的方法。"

梅丽莎·卡明斯（Melissa Kamins）和卡罗尔·德韦克在一项研究中，让幼儿园孩子以为自己犯了错误。接下来，针对这种"假错误"，他们给予一些孩子以过程为导向的反馈，而其他孩子则得到了以个人为导向的反馈："我对你感到失望"。接下来，两组孩子进行角色扮演，他们假装在从事艺术创作，并接受别人的评价——"那栋房子没有窗户"。面对这个中性的评价，他们的体验感完全不同。得到过程导向评价的孩子觉得这是积极的反馈，他们对自己的艺术作品给予了积极评价，感觉自己聪明且优秀，当他们被问及接下来该怎么做时，这些孩子能提供解决问题的方法。而得到个人导向评价的孩子则经历了相反的体验。他们不仅为自己的作品打的分比过程组低一个完整的标准差，对这段经历的感受不积极，也不觉得自己聪明或优秀，而且他们在角色扮演中，也提不出建设性意见，束手无策，只知道哭。

以个人为导向的批评不好，以个人为导向的赞扬也不好，重复该研究发现，使用赞扬的效果是一样的。"我为你感到自豪""你擅长这个""乖孩子"等，都有效地唤起了固定型思维、对自我和能力的负面感受，以及无助。不幸的是，成年人却倾向于给低自尊的孩子更多、更夸张的以个人为导向的表扬。在受到这样的表扬时，你总归知道别人正在评判你这个人吧。

对此，也许我们应该另想办法。

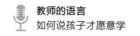
"暂时还……"

"暂时还"这个表达是向成长型思维转变的关键。如果一个学生说"我不擅长这个",你可以回应他:"你只是暂时还不擅长这个。让我们想想如何能做得更好。"这样就把能力放到了成长的轨迹上,而学生可以控制自己的成长过程。如果大学生得到的反馈中包括"暂时还",那么,他们和那些反馈中没有这个表达的大学生比起来,更有可能获得成长型思维,更会感受到鼓励,并认为他们的老师也持有成长型思维。"暂时还"提供了改变的可能。

也许你认为这是显而易见的事情,不值一提,但帮助孩子们向成长型思维转变,意味着避免使用诸如"你总是……"或"你从不……"这样明确强调行为固定性的语言(我也建议大家避免在亲密关系中使用这些表达)。

"如果错了怎么办?"

苏西的学生早就习惯了上述表达方式,这些幼儿园孩子齐声回答:"那就改正错误呗!"

苏西肯定了他们的回答,并解释说:"如果不敢犯错误,就没有机会挑战自己,也不会有进步。我们可以从错误中吸取教训。"她问孩子们是否认为(时任总统)奥巴马上幼儿园时会犯错误。他们都认为多半会的。下至普通人苏西,上到知名人士奥巴马,如果大家都会犯错误,那么,孩子们肯定很快就能形成成长型思维了。

"还记得第一周吗？那会儿，我们得费点力气才能走路不出声响，现在呢，你们自然而然就做到了。"

认识到改变的可能性，这是成长型思维的核心。你只需要相信改变是可能的就行了，这并不意味着改变很难或者很容易。因此，我们利用各种机会提醒学生留意时间对他们和他们的学习状态的改变。让孩子们看到他们作为社区成员、学习者、读者和作家的变化，这会让他们意识到自己处于成长之中。我们可以问他们，"你作为一个作家有什么变化？""你认为接下来需要在哪方面努力？"，也可以给他们一些反馈："想想你一月的状态，看看你已经取得了多大的进步"。让学生在课堂练习中进行自我评估，在每节课、每天或每周结束时对所学内容进行总结回顾——什么是他们现在能做但以前做不了的，这也有助于他们认识到这种变化，尽量不让他们形成固定型思维。

关注学习和行为的变化使孩子们能够展望学习的未来。一旦孩子们意识到他们在不断学习，并且看到过去的进步，老师们就可以询问他们对未来的展望以及对展望的规划了。看到过去的进步是希望和乐观的基础，也是成长型思维的基础，这一点很关键。

这里还要提一下"guys"这个词在课堂上的使用。英语里没有中性的第二人称复数代词。"guys"在日常使用中已基本上演变为性别中立词——我在此（以及其他几个地方）就亲耳听到女老师用这个词称呼全体学生。然而，许多人会觉得它是默认的男性词汇，和"chairman"（主席）、"manmade"（人造）、"mankind"（人类）和"man the pumps"（操纵泵）一样，因此不公平。也有人可能会反对，认为情况并不那么糟糕，因为许多包含词缀"man"的单词来自拉丁词根，表示"人手"。但很多情况下并不是这样，而且问题在于听者对词语的感受。只要称呼一个混合性别小组为"gals"（女孩们），这一点就显而易见了。值得庆幸的是，我们在课堂上可以用其他词汇来解决这个问题，比如"大家、人们、朋友们、学者们、同学们、研究伙伴们、数学家们、团队、同事们、同班同学们"，或者"你们"（所有人）。

"他只是做了一个不好的选择，你不觉得吗？"

然而，学生们并非仅在学习方面具有自主权，他们应该意识到，自己也有权选择成为什么样的人。要帮助他们明确这一点，我们可以说："我看到了，你选择要做那种发现问题之后立刻纠正的人。"佩金·詹森正在为一年级学生朗读，这时，一位学生指着书中的一个角色说："他是个坏孩子。"佩金立刻回答说："他只是做了一个不好的选择，你不觉得吗？"我们避免使用好人／坏人这样的二分法将人物对立起来。与其说

"好读者就是这样的"，不如说"读者就是这样的"，无论是采用阅读策略还是犯了错误，我们都可以这样说，因为这些确实都会发生在读者身上。我们还应避免给学生贴上不同的能力标签，即使是像"约瑟夫被称为数学天才"这样的说法也可能引发学生的固定型思维。

"这本书是蕾切尔制作的。蕾切尔，你一定为这本书付出了很多时间和精力，在制作这本书的过程中，最困难的部分是什么？"

孩子们完成任务后，向他们表示祝贺，这种做法非常棒。对孩子们来说，看到付出努力和想办法解决问题能带来成就，也非常重要。按照这个思路，我们就会发现蕾切尔在制作过程中的新创意和决策。如果我们只关注最终成果，无视他们的心血和努力，很容易造成学生思维的固定化，在只有最优秀的成果才有机会得到展示的时候尤其如此。请注意老师是如何在提问中通过"蕾切尔制作的"和"制作这本书的过程中"来强调蕾切尔的作者身份的。

以学生制作书为范例，教师展示了允许成长型思维蓬勃发展的课堂环境。这不仅因为制作书的活动有意义且有趣，还因为它提供了多种不同的孩子可以胜任的读写活动，而且也不对学生进行比较和分类。一个狭隘、机械的阅读（或数学）课堂会将学生按能力分组，即使老师没有明确地对学生进行比较，也仍然会导致学生将自己和他人进行对比，老师看重什么能力就比什么能力，同时也会逐渐形成固定型思维。其他一些无声的暗示也会导致固定型思维，包括只展示最佳作业、给予优等生特权、只关注学习进度。

"还记得前几天贾纳亚分享的她的故事吗（描述故事）？嗯，昨天贾纳亚回到工作岗位时，她又做了一件事情来帮助读者更好地理解她的故事，就像贾斯明前几天做的那样。（展示书）她在页面上加了一些字母，帮助我们这些读者理解她的故事。对，她在这里加了字母 J。"

老师提醒道，有些学生本打算每天写一本书的，但他们不必这么做。同时，她非常具体地描述了贾纳亚的成长过程，她通过时间线让学生们了解到故事所花费的时间和精力。她提到贾纳亚"帮助读者更好地理解"，其实就是将这个学生的努力定性为动脑筋想办法，并将制作书视为一种有意识的社会实践。老师让学生们意识到，添加字母也是读写能力提升的新途径，是在她的课堂上展示知识和能力的多种方式之一。她还提醒学生可以向同龄人学习，"就像贾斯明前几天做的那样"，并明确表示对之前的作品进行修改是非常正常的，善于培养学生成长型思维的教师都会这样做。请注意，尽管她并没说什么表扬的话，但这些评价都是积极的，贾纳亚大概率会因此对自己所取得的成绩和所投入的努力感到自豪，发展出成长型思维也就是自然而然的事情了。

"读得云里雾里的，这并不奇怪，因为文中有很多倒叙，以便让我们了解角色的思想。"

八年级学生蔡恩在朗读文章时向大家述说了自己的困惑，于是塔克老师做了上述回应，表明这种困惑是正常的，正如预期的那样。学生承认自己看不懂本身就证明老师在培养学生的成长型思维。如果班级的整体思维是固定型的，那么学生不会将自己的困惑表达出来，因为那将成为他能力不足的证据。正是塔克女士这类老师的回应方式让学生愿意承认自己的困惑，这对教学来说极具价值。塔克老师随后的评语进一步加强了她的上述反应，接下来，她将困惑描述为一种积极的甚至是愉快的状态："还记得我们一起读的《索尼娅·罗德里格斯的秘密故事》（*The Secret Story of Sonia Rodriguez*）吗？我们读到后面才发现，原来一开始的推测全错了，结局也在我们的意料之外，那是一次有趣的阅读。我们还不知道。"对过往阅读经历的回顾也让另一名学生开始以成长型思维来对待自己因倒叙而生的困惑。他说："我喜欢这样。它让你思考，也让你更想深入了解这本书。你不希望所有答案都集中出现在某一页上。你想要思考。"还有一次，另一个学生谢伊评价："我真的很困惑……但这是好事。"这些回应表明，成长型思维已经成为课堂文化的一部分，这也让塔克老师的点评更有影响力了。为了让学生更加习惯阅读中出现的困惑，塔克女士偶尔也会向学生讲述自己遇到的困惑，并且乐于接

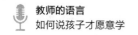
受学生的帮助。

此外，我们看看塔克女士是如何利用蔡恩承认错误的机会，简单介绍了倒叙手法，帮助学生学习如何处理这种文本中的复杂内容。她说："我们一起想办法解决。"这句话清晰地向学生传递了一个信息，那就是他们在学习时并不是孤军奋战。当学生们遇到困难时，我们不希望他们感觉压力无人分担，他们应该知道，我们是他们坚强的后盾，寻求帮助也是一种努力的形式。事实上，一位叫肯德尔的学生曾评价道："这么多老师来帮助我们……他们说'我们会帮助你理解这本书的'。"

"我知道，卡在这个问题上挺让人沮丧的，但看看我们已经掌握的内容吧。"

擅长培养学生成长型思维的老师会承认，在学习中遇到困惑是一件正常的事情，同样，他们也能够接受学生在遇到困难时产生的各种情绪，包括负面情绪。与此同时，这番反馈还提供了一种向前推进的策略，因为"我们"这个词向学生表明，他们在探索新知的过程中并不孤单。

"失败和错误都是宝贵的经验，我们可以从中学习。但如何在失败和错误中学习呢？"

我们（教师和家长）如何对待孩子们的错误和失败，对孩子思维模式的发展有很大影响。有些父母认为失败是学习中宝贵的部分，并不会阻碍学习和成长，他们往往培养出具备成长型思维的孩子。有些父母则认为失败会妨碍成长，他们会出现一些个人导向的思维和行为，导致孩子形成固定型思维。例如，他们担心自己的孩子不擅长某个学科，于是试图安慰孩子，告诉他们不做最有天赋的人也是可以的。

长触角

成长型思维有一个根本观点，即个人——包括其智力和所有其他品质——处于不断的学习、成长和战略变革之中。这意味着在变幻莫测的环境中，个人具备自我创造的潜力。固定型思维则意味着个人的特质是固定不变的，行为是反映这些特质的指标。拥有固定型思维的人缺乏自我建构的能动性，只会控制（一成不变的）自我的表现。因此，思维模式的影响不可谓不深远，像长触角一样深入到社会、情感和道德发展的角角落落（见表 5-1）。

表 5-1　成长型思维和固定型思维的影响

成长型思维	固定型思维
选择具有挑战性的活动，尽可能多地学习，在最近发展区内发展	选择的活动让自己显得聪明、足够容易成功、不足以产生错误或学到新东西

（续）

成长型思维	固定型思维
遇到困难时，会进行自我监控和自我指导，努力想办法，不把自己当作失败者	遇到困难时，将困难视为失败，质疑自己的能力，归因于失败，并停止采取战略行动
取得更高的成就，尤其是在普通及以下学生中	取得更低的成就，尤其是在普通及以下学生中
遇到困难或需要努力时，自信心不受影响	遇到困难或需要努力时，自信心降低
面对挑战或向他人传授知识时，觉得自己聪明	比他人做得更好或更快时，觉得自己聪明
同伴遇到困难，会帮对方想很多办法	同伴遇到困难，只有很少的建议，同情对方
解释行为时考虑心理和环境因素	解释行为时，认为行为不会变化
对调皮捣蛋或表现不佳的新同学，不太会认为对方是坏学生，认为他几周后就不会这样了	对调皮捣蛋或表现不佳的新同学，会认为对方是坏学生，并认为他几周后仍是老样子
面对过错时，试图理解产生行为的思维和背景，原谅犯错者并帮助他改正。倾向采用纠正性惩罚方式	犯错就要惩罚
面对学习过程中的分歧，会参与讨论并试图综合不同的观点，重视对方观点	将分歧转化为人际对抗，贬低伙伴

（续）

成长型思维	固定型思维
不轻易评判或形成刻板印象，更关注中立或冲突的信息	快速评判并形成刻板印象，关注能证实刻板印象的信息，忽视不能证实刻板印象的信息
年纪较大的学生认为，教育的作用是帮助人们理解世界并将他们培养为对社会有用的人	年纪较大的学生认为，教育的目的是为了帮助人们获得更多的财富和更高的社会经济地位
高中生对与社会地位相关的特征兴趣较低。不太会利用人际关系来攻击他人（排斥、孤立、造谣等）以维持自己的地位	高中生对与社会地位相关的特征高度关注。有可能利用人际关系来攻击他人，从而维持自己的地位
不太容易受到负面思维的影响，将负面思维和困难视为行动的信号	更容易受到负面思维的影响，比如个人和学术生活受到影响。困难会导致恶性循环
友谊不仅建立在信任的基础上，还包括朋友之间愿意交流讨论自己遇到的困难，并且在面对问题时能够灵活、有效地解决	友谊不太可能具有这些品质

不妨这样来思考。有些人认为偏见是个人的固有属性，不论他们有多少偏见，这些人最担心的是在自己和他人眼中看起来是一个有偏见的人。他们不愿意与其他种族互动，不愿意参与不同的体验，因为这些活动可能让别人看到他们的偏见。即便真的参与到这些活动中，和那些认为偏见是可塑特征的人

相比，这些人也会显得更加焦虑。在面对不同的体验时，我们也希望唤起学生的成长型思维，所以我们会告诉他们，行为是思想和情感的结果，而这些是可以改变的。教师的工作就是将全人类积累的方法代代相传，推进社会的发展。如果我们希望建立一个包容性强的学习型社会，就要帮助孩子们掌握创造这种社会的方法。这些方法包括跨文化合作的有效经验和使这种经验成为可能的语言实践。

不难看出，表 5-1 中显示的某些内容是如何相互关联起来的。例如，在成长型思维中，理解他人的行为需要理解他们的思想、感情和背景。而在固定型思维中，他人的行为仅仅被视为性格特质（聪明、勇敢、邪恶）的表现，思想和感受并不是特别相关。这反过来又对人际关系和道德判断产生了影响。例如，对于固定型思维的人而言，分歧很容易导致关系冲突和对伴侣的贬低，因为这样才能保护他们的自信心。他们认为，两个人里，只可能有一个人是对的，因此也只可能有一个人聪明。对于成长型思维的人而言，伴侣之间会努力接纳对方的观点，认可对方的能力。

固定型思维的人认为，不良行为应该受到惩罚。成长型思维的人则认为，不良行为应该受到教育，惩罚措施也应该着眼于帮助犯错的人回归正轨，因为人的行为取决于他们的思想、信念、感受和背景，这些都是可以改变的。这也是我们要问诸如"她是怎么想的？""你认为他们对那件事的感受如何？"之类的问题的原因之一，这些问题涉及书中的同伴和人物，我们将在第 7 章就此进行深入探讨。无论学生们是否正确地解决了问题，我们都要求他们解释自己的思考过程，这个要求与前面提问的目的是完全一致的，这样，学生的注意力就集中在如何解释思考过程上，而不是将问题归因于不可改变的性格特征，成长和变化就有可能发生。

第 6 章

灵活性与迁移能力
（又称"融会贯通"）

> 有没有一种理解世界的方法，既能全面掌握知识，
> 又不会限制知识的应用范围？
>
> ——艾伦·兰格和艾莉森·派珀（Alison Piper）

一位同事向我提到过他女儿学习写作的经历。有一次开家长会，他女儿的老师告诉他，孩子在学校里的写作成绩很差。我的同事完全不同意这个评价，因为他女儿在家时写得非常好。老师让他看了孩子在学校写的文章后，他不得不承认老师的评价确实有道理。回家后，他和女儿聊了这件事，孩子感到非常惊讶，她觉得在家写作和在学校写作完全是两件事。我当然也有过类似的体验，尤其是在数学方面。在数学测验中用来计算面积的方法，似乎在实际计算花园面积时根本用不上。孩子们在解决阅读问题时，往往不会运用在写作中学会的方

法。他们在不同的生活场景中讲述着不同的故事——不同的流派、背景、角色和目标。

这些问题都属于迁移问题——没能将所学内容从一个情境迁移到另一个情境中。教师和各领域的研究人员对此一直感到困惑。然而，有些老师教出来的孩子却能够非常灵活地运用所学知识。在一次班级活动中，孩子们采用了"换位思考"的方法，站到他人的角度思考问题。有一个孩子在研究小鸭子时就是这样做的，他尝试从鸭子的视角出发，假设鸭子的行为和动机。这时，班上另一个孩子注意到了他的做法。这个孩子本来就善于发现事物之间的相似之处，于是指出他的同学在研究时所采用的方法。这个例子说明，教学环境越能避免碎片化，学生们越有可能在不同情境中灵活运用知识，想办法解决问题。这些孩子在应用策略解决具体问题时表现得相当灵活。他们不太会机械重复，也不太会轻易放弃，而是会尝试各种办法。如何才能让学生做到这一点呢？教师如何在不同学习场景之间搭建桥梁，才能让学生将写作练习中的掌控感转移到阅读或数学学习中呢？如何才能帮助孩子举一反三、融会贯通呢？或许，更关键的问题是，如何才能防止孩子在学习时生搬硬套呢？

实际上，我们之前的很多讨论都对灵活性和迁移能力有影响，比如鼓励学生的身份认同。让我们来看一个例子，这项研究对比了商店老板和高中生在成人教育班中的数学学习情况。猜猜哪组学得更好？研究结果显示，商店老板能够更好地将所学的数学知识应用到日常经营中，这很可能是因为他们的学习目标和经营目标一致，即如何盈利。相比之下，高中生在这两种情境中的目标不一致：在学校里是为了学知识，在店铺里是为了挣钱。这个逻辑也能解释为什么有些孩子在写作中不用新学的词汇，因为他们通常只是为了应付考试。一旦他们将自己视为从事写作的作家、科学家、数学家或其他领域的专业人士，这种身份认同并不局限于单一角色，他们就能自然而然地以新的身份向自己提问："作为作家，我应该怎么做？"我们可以通过反馈告诉他们："你今晚上床躺下之后，或许可以趁睡着之前想想明天要在文章中写些什么。作家可不光是在书桌前才考虑写作问题呀。"想象自己是一篇文章的作者，有助于将写作经验迁移到其他活动中。

"你是怎么做到的？"是我在第 4 章中提到的一个非常有价值的问题，它让孩子们逐渐习惯将自己的方法讲给老师和同学听。这种教学方式还有一个额外的好处。贝瑟尼·里特尔－约翰逊（Bethany Rittle-Johnson）和她的同事让一组四五岁的孩子向各自的母亲解释自己解决难题的方法，母亲们只需听，无须回应。第二组被要求向自己解释这些方法，第三组则没有被要求向任何人做解释。当这些孩子遇到需要用到这些方法的新的情景时，第一组孩子做得最好，因为他们向听众解释过，即使听众并没有做出回应。除此之外，老师们的一些语言表达方式可以促进学生们的灵活性和迁移能力。

"人们讲故事时，常常会从自己已经知道的内容开始，数学家们也是如此……让我们一起试试看。"

在开始新活动时，提醒孩子们先回顾已经知道的内容，这样做有几个作用。首先，它降低了待解决问题的复杂性；其次，它将新问题置于已经解决的旧问题之中；最后，它让孩子们更有可能将已知和未知相联系。但上述调动学生的方式好处更多。它将阅读学习者遇到的问题类比为数学家面临的问题，鼓励学生们在看似完全不同的活动之间进行积极的策略迁移。灵活解决新问题的能力首先取决于看待问题的方式——是否和其他熟悉的问题一样也需要想办法才能解决。老师鼓励孩子们在探讨问题相似性时，要超越表面上的条条框框，探索更深层次的本质联系。此外，"让我们一起试试看"也很重要。通过合作解决问题为融会贯通提供了更多可能，稍后再详细讨论。

"我们可以如何运用刚刚学到的内容呢？"

引导孩子们思考新学知识的应用场景，有助于他们拓展思维，提升将所学付诸实践的可能性。这种思考方式不仅适用于刚刚学到的方法或概念，同样适用于更广泛的生活情境。以阅读为例，我们常常会从一本书里了解到某个问题或某种社会不公，但合上书本之后，我们却生活依旧，没有任何实际行动。这样的阅读有何意义呢？梅里·科马尔与她的二、三年级学生共读了《微笑》（*One Smile*）后，提出了这样的问题：

"你们打算如何在学校、家庭和社区中影响他人？"他们围绕这本书及其他书籍进行了讨论，并决定建立社区外联中心深入研究。他们提出为无家可归者制作卫生包，而且确实付诸了实践。他们的行动产生了实际影响，孩子们也深刻感受到自己的社会责任和道德责任。这个问题的核心在于："既然你已经知道了这些事情，接下来打算怎么做呢？"

"还有别的办法吗？"

一个学生成功解决了一个问题之后，我们可以要求他讲述解题过程，以此增强他的主动性。随后，我们可以继续追问，除了现有方法，还可能有哪些途径。这种方式既保持了选择的可能性（从而增强掌控感），又培养了思维的灵活性——始终认为还有其他解决方式。即使结果并不完全如意，我们也可以肯定其中不错的部分，然后思考改进的可能性，譬如可以这样问："可不可以用不同的解法？"这个复盘问题强调了选择的重要性，是对解题过程的修订和编辑。然而，这样问也存在一定的风险。只有在安全的关系中审视过去才是有趣的，否则就变成了指责。

"别的"这个词力量极其强大，不仅强调了灵活性，还提示了很多其他重要信息。例如，"作者还有哪些方式可以表达这个意思？"这个问题不仅让学习更为灵活，同时还有提醒作用——写作是有目标的，以及委婉的暗示——目标带来相应的结果。我们可以继续提问，让暗示变得清晰明确："如果采用别的方式，读者会如何解读？"同样，"你认为读者还想知道别的事情吗？"这个问题让文章有了更多可能性，同时也是对小作家们写作责任的提醒，它让孩子们意识到，写什么、不写什么，这是作家在写作中不断要做出的选择。重新在阅读教学中引入这一概念，开启了关于批判性阅读的关键讨论：作者没有告诉我们什么？哪些观点无人发声？等等。

"就好像"

"好像"这个表达除了表达赞赏外，还有两个主要功能。它强调（与其他经验、书籍、作者、情境、实践、词语等的）关联，并以隐喻的方式进行表达。这两者不仅对迁移能力至关重要，也是理解和推理的基础。事物之间的相互联系对于理解而言至关重要，它提供锚点和路径。关联越多，就越能灵活地学习。

迁移涉及克服不同活动之间的明显差异。举例来说，阅读网页和阅读书籍在一定程度上存在显著差异，这种差异限制了儿童将从一个活动中学习到的内容转移到另一个活动中的程度。不同体裁的写作之间，或阅读与写作之间，也有类似情况。增强迁移能力主要是要克服这些明显差异，鼓励学生思考活动、问题或角色之间的相似之处。这意味着要超越字面意义，深入到隐喻意义，而"就好像"这个词在唤起隐喻方面非常有效。我们希望孩子们不仅会问自己"我对这个了解多少",也会问"哪些与之相似的内容也是我了解的"。

通过隐喻深层理解事物间的相似性,还会带来除迁移能力提升之外的其他好处。隐喻提供了理解和加深意义的新途径,"一只脚站在已知里,一只脚踏入未知中",朱迪丝·林德福什(Judith Lindfors)称之为"探索工具"(reaching devices)。琼·威廉森(June Williamson)在讲解并联电路时,这样解释道:"电流会找到另一条路,有点像堵车时你找到另一条路,绕开拥堵。"她将串联电路比作美国职业棒球大赛,"比赛一场接一场,输一场就出局"。

布赖恩·萨顿 – 史密斯(Brian Sutton-Smith)甚至认为思维从根本上具有多重隐喻性,通过多种不同的隐喻来理解和解释世界,他观察到幼儿在隐喻思维方面非常熟练。他指出:"一旦孩子们能说话,他们就会不断地在语言表达中玩隐喻游戏。"例如,他观察到他两岁的孙女在沙坑里玩耍,"先把沙子倒出来,说那是可乐;搓成圆形,叫它鸡蛋;再拉长为香肠;然后一边有节奏地拍打它,一边发出有声调的声音,称之为一首歌;等等。孩子通过一系列语言化的隐喻符号,将手中材料的属性一一发掘出来。"萨顿 – 史密斯与格雷戈里·贝特森(Gregory Bateson)一样,他们认为隐喻对思维发展至关重要,通过发现形式间的相似性,思维得以提升。

"就好像"这个表达还有其他附带属性。当它用于指

"人"时，强调人性的共同点，而非个体的独特性和文化的独特性，因此有助于我们建立一个关爱和包容的社区。然而，由于"相似性"会引发比较，它也增加了注意到对比、缺失和不连续性的可能性。这些不仅是形成问题和学习知识的重要基础，也是培养批判性读写能力的基础。举例来说，我们在讨论和分析对待他人的方式时，可以询问和探讨这些对待方式的相似性和差异性。

"可以是"（而不是"是"）

导致灵活性不足的一个因素是让信息作为确凿的事实呈现，而不是作为一种可能的方式呈现——"是"怎样，而非"可以是"怎样。兰格和派珀向两组学生展示了以下物品：一块狗咬胶、一支测谎笔和一个吹风机配件。向第一组学生介绍这些物品时，她们用的是"这是"句型，向第二组学生介绍时，她们用的是"这可以是"句型。接下来的环节中，学生们可以使用这些物品来解决问题，但最后成功解决问题的只有第二组中的学生，他们看待这些物品的思维灵活，不局限于标签，例如他们将狗咬胶用作了橡皮擦，只有听到"可以是"句型的那组学生才能做到这一点。只需一点点不确定，物品便摆脱了其名称的限制，反过来说，只要使用"是"句型，灵活性便受到遏制。

兰格和她的同事们发现，按这种特定方式向学生介绍信息，哪怕只是在阅读中进行介绍，也有助于学生更加灵活地使用这些信息，而且让他们在随后的记忆测试中表现更好。兰格指出："如果在技能学习早期就意识到这种表达方式可以替代原有表达方式，就可以赋予学习一种特别的效果……从而提升正念"——正念是灵活性、创造力等的来源（我们即将看到）。举例来说，我们在教孩子们重要的语音内容时，最好时刻提醒自己，英语中有非常多的不规则现象、多音关系和各种复杂内容，例如，have/gave，ear/bear，own/down，cough/through/though/thought，yes/by/baby 中的 y，或 live 既是动词又是形容词。因此，孩子们得做好心理准备，他们首次尝试使用语音拼读来识别单词时可能会失败。他们需要灵活运用这些组合，确保拼读出的单词符合上下文。如果老师把这些语音拼读作为规则来教，并且不让孩子们接触到复杂的语音现象，那就可能会让孩子们无法灵活使用语音拼读知识。

萨拉·赫尔默（Sarah Helmer）是一位幼儿园老师，她在零食时间前进行了一次十分钟的环保印刷教学。孩子们要在家里找一种印刷品，比如谷物盒或肥皂盒上的标签，将其带到班级并贴到图表上，并在旁边写上名字。这时，萨拉会邀请其他孩子一起，用学过的拼读知识来识别印刷品上的单词。萨拉会解释每种拼读方法，并请学生进行补充。等到零食时间，我注意到坐在桌边吃酸奶的一位女孩，她注意到酸奶瓶上的印刷品，将上面的单词拼读了出来。她立即转向邻座同学，指给他看。

邻座同学拿起自己的零食包装，却无法拼读出来，于是他转向另一个邻座同学，向她寻求帮助。等他俩认出这个包装上面的单词之后，这个邻座同学也拿起自己的零食包装，做了同样的事情。孩子们学会了灵活使用在正式上课和环保印刷教学时段里学到的拼读方法，还能够注意并利用日常生活环境中随处可见的印刷品，无论在家里还是学校里都会注意到。

"假如……会怎么样？"

灵活运用和深层思考需要激发想象力，而"假如……会怎么样"这个问题正是在强调充满想象力的行为。"假如……"问题可以用于扩展特定策略可能应用的背景，或者特定身份可能占据主导地位的情境。由于我们通常无法面对所有可能的情境，所以我们通过帮助孩子们进行思维实验，让他们试着想象自己处于其他情境，并检查他们所用的策略，进行必要的调整。假设一个孩子告知我们他自己是如何研究历史小说中的角色的，我们可以问他："假如你正在写科学报告，这些方法会有帮助吗？"

请学生思考"假如"和"假设"，可以培养他们的假设性对话能力和抽象思维能力。它们是思维实验的基础，有助于孩子们理解现实的多种可能性。这些能力对于个人做出富有成效的选择，以及为民主生活所需的协商合作提供有意义的解决方案都是至关重要的。同时，这些问题还发展了孩子们的论证技能，特别是通过引发"如果……那么……"的陈述及其背后的思维过程。在叙述的背景下使用的"假如"问题也可以发展孩子们对叙事结构的理解，因为这些问题需要利用叙事逻辑构建替代可能性。

这些假设性问题可以用来探索不同的世界、行为和选择，而无须承担真实的后果。唐·格雷夫斯（Don Graves）指出，提出像"假设你要在这个故事中加入一些对话，你会把它放在哪里"这种假设性问题，并不会真的要求学生付诸行动，学生不会因此抵触，但却可以产生必要的学习效果。这样的问题开启了想象的可能性，并在没有风险的情况下完成了必要的教学。

假设性问题是发明的基础，也是批判性读写的有效途径，它让摆脱已知知识和习以为常成为可能。例如，许多孩子在讨论男女运动员薪酬差距时，仍然认为这是完全合理的。然而，当被问及"假如你的母亲是一名运动员……"时，大多数孩子突然觉得这不合理了。这样的思维实验可以让我们注意到那些因习以为常而被忽略的事物，并帮助我们利用经验去理解我们未曾经历过的事情。

游戏性语言

探讨学习的灵活性与迁移能力时，游戏性语言是无法回避的话题。语言游戏能够减轻语言学习和读写训练的压力，鼓励尝试多样化的实践方式。瑟斯博士（Dr. Seuss）、艾伦·阿尔伯格（Allan Ahlberg）、克里斯·拉施卡（Chris Raschka）、乔恩·克拉森（Jon Klassen）和乔恩·斯泽卡（Jon Scieszka）等作家深谙此道。《哆悉哒？》（*Du Iz Tak?*）、《弗雷德尔》（*Froodle*）、《橙子不押韵》（*Nothing Rhymes with Orange*）、《今天感觉不对劲》（*Chester van Chime Who Forgot How to Rhyme*）以及《锅盖当帽戴的猫》（*The Cat Who Wore a Pot on Her Head*）等作品，充分展现了语言的游戏性质。几乎没有比游戏和模仿更有效的方法来吸引孩子们关注单词和文本结构了。抛开意义的束缚，游戏更像是胡言乱语。这样的方式能够揭示单词的内在结构，让它们从学习负担转变为兴趣所在。模仿在文本层面也起到了异曲同工的效果。

　　劳里·麦卡锡带了一个混龄班，班上有一年级和二年级两个年级的学生，我曾向班上的一名学生询问他正在创作的书籍的内容，其中有一页是关于比萨的，有一页是关于剑的，还有一页是关于绿宝石的。我问到书名时，他翻到封面，"绝对随机的书"，边念边哈哈大笑。他故意打破了"主题一致"这一潜在规则，以达到幽默的效果。就在六周前，这个男孩还拒绝任何写作呢。萨顿-史密斯曾指出："笑声是最原始的模仿和讽刺形式，它质疑了既定方式的神圣性。这是生活中最基本的非官方回应。"换言之，灵活地突破规则、测试边界，笑声当属绝佳方式。游戏性的语言对于培养批判性读写能力至关重要，更重要的是，它也许还对心灵健康有所裨益。

另外，正如我在文章开头所提到的那样，游戏能够激发孩子们对语言的兴趣。例如，我与学生共读威廉·斯泰格（William Steig）的《会说话的骨头》（*The Amazing Bone*）之后，上课时常常借用书中"津津有味地活着"等表达。在制止学生的不当行为时，也可以用他的话："你不知羞耻吗，先生！"还有更有趣的表达，比如"你这条虫，你这臭气熏天的可怜虫！"甚至"嘻哈西比波！"。因为孩子们知道这些表达的出处，所以显得十分有趣，让训斥少了一些针对性。同时，这些表达也丰富了孩子们的词汇库，提升了他们对语言的兴趣，吸引他们发掘更多优秀的语言学习资源。

一个较长的例子

关于灵活性和迁移能力，最好是能将简短的碎片信息整合到上下文中，因此，请允许我举一个详细的师生互动的例子，综合呈现我之前提到的内容。以下为师生间的一次写作讨论，摘自卡尔·安德森（Carl Anderson）所著的一本优秀书籍《进展如何？》（*How's It Going*）。

> 卡尔：玛雅，你知道吗，你跟很多回忆录作家很像。比如你和琼·利特尔（Jean Little）就很像。你知道《渐进之旅》（*Little by Little*）中的那个故事吗？班上

的同学因为她的眼镜而取笑她？

玛雅：知道。

卡尔：你和利特尔都在一篇文章中写了好几个场景。但利
　　　特尔并不是只详写第一个场景，大多数场景她都进
　　　行了详细描述，而非一笔带过。我们从她的文字中
　　　真正理解了她所经历的场景。你今年在课堂上读了
　　　回忆录，你可以尝试用他们的写作方式来修改你的
　　　作品。从其余场景中挑一个进行详写，就像写生日
　　　蜡烛那个场景一样，我希望你试试这种方式。

玛雅：好。

卡尔：你想挑哪一个场景？

玛雅：也许……我觉得我的文章像现在这样就好。

卡尔：我懂你的意思。但我还是想鼓励你试一试，像个作
　　　家那样，像利特尔那样，详细描写多个场景。如果
　　　试过之后你还是不喜欢，那也没问题……我会推着
　　　学生去尝试一些我认为有助于他们成为作家的事
　　　情。那么，你想详写哪个场景呢？寻宝游戏、睡前
　　　仪式，还是妈妈为你掖被子？还是别的什么场景？

玛雅：要不写妈妈为我掖被子吧？

卡尔：（递给她一张新纸）这节课稍后，我再来跟进你这
　　　边的情况。

这次讨论真的对学生产生了巨大的影响。当卡尔再次过去查看情况时，玛雅对修改结果非常满意，她决定保留自己的新版本。您可查看表 6-1，了解我心目中认为的此次讨论的重要内容。

表 6-1　对卡尔与玛雅写作讨论的分析

卡尔的谈话	点评
玛雅，你知道吗，你跟很多回忆录作家很像	卡尔提供了一个具体的身份——回忆录作家，他认为回忆录值得写作者关注
比如你和琼·利特尔就很像。你知道《渐进之旅》中的那个故事吗？班上的同学因为她的眼镜而取笑她？	卡尔以具体例子说明这个身份并非空洞的赞美。它还展示出写作者和作家之间的相似之处，以及两种生活的相似之处。"和……很像"成为一种日常表达方式，成为一种说话和思考的方式
你和利特尔都在一篇文章中写了好几个场景	卡尔通过提供更多的证据加深了对某个身份的认同，这不仅影响了玛雅的生活和文本叙述，还树立了自己在认知上的高度权威。他特别强调了"场景"的重要性，并对此进行了深入的分析
但利特尔并不是只详写第一个场景，大多数场景她都进行了详细描述，而非一笔带过	卡尔详细阐述并命名了榜样作家所使用的写作方法，并指出玛雅也采用过同样的方法，在此基础上，他进一步深入分析任务

（续）

卡尔的谈话	点评
我们从她的文字中真正理解了她所经历的场景	卡尔展示了作者写作过程 / 策略的效果，并指出写作在本质上是有目的的能动过程
你今年在课堂上读了回忆录，你可以尝试用他们的写作方式来修改你的作品	卡尔鼓励玛雅以回忆录作家的身份进行写作，使她有可能掌控自己的写作过程
从其余场景中挑一个进行详写，就像写生日蜡烛那个场景一样，我希望你试试这种方式	卡尔利用自己作为老师的权威地位，要求玛雅接受挑战。他重新提到之前写作时的能动性，以保持玛雅的主体性感觉。他对人物的分析确保了玛雅的选择权，她可以在之后选择自己的写作方式
你想挑哪一个场景	卡尔提供了选项，从而让玛雅有主动权，但也限制了她的其他做法
我懂你的意思。但我还是想鼓励你试一试，像个作家那样，像利特尔那样，详细描写多个场景	玛雅表达了自己的观点，卡尔予以认同，由此，老师在自己的权威地位之上，继续鼓励学生尝试自己的建议。这个建议需要学生克服自己的身份，用回忆录作家的身份进行写作。如果玛雅接受挑战，她就必须接受回忆录作家的身份。这个身份多有趣，以这样的身份写出来的文字就会多有趣

（续）

卡尔的谈话	点评
如果试过之后你还是不喜欢，那也没问题……	卡尔的话为玛雅提供了一种可能：虽然老师暂时限制了她的选择，但她可以重新掌控自己的作品
我会推着学生去尝试一些我认为有助于他们成为作家的事情	卡尔向玛雅强调了自己的老师身份，也提醒了玛雅她作为作家的身份，但"有助于他们成为"这句话同时表明，玛雅自己在成长中发挥着主动作用
那么，你想详写哪个场景呢？寻宝游戏、睡前仪式，还是妈妈为你掖被子？还是别的什么场景	"作为一个主动的作家和学习者，你想如何重述你的人生故事？"卡尔也提供了具体的选择，因此也让玛雅拥有了自主权。谈话越具体，意味着他对玛雅的生活细节越感兴趣，这既加强了师生关系，又让玛雅拥有了决定权
这节课稍后，我再来跟进你这边的情况	如果玛雅决定不按老师的建议进行修改，卡尔立刻就不会再继续提要求，而是将关注点转移到玛雅的个人发展和写作能力上

有时候我也许有点妄加揣测、夸大其词之嫌，但我并不这么认为，但凡这些推论有一半是正确的，每天不厌其烦地重复这些话语就一定会产生强大的影响。不断鼓励学生迎接挑战的并不只有卡尔老师一个人，这样一来，影响还会更加广泛

而深远。一旦学生习惯了这些课堂对话——谈话和互动的方式暗示着双方的角色、关系、立场、权威、主体性、认识论、对话主题和预期身份——这些内容也会潜移默化地影响孩子们的对话。

在本章和之前的章节中，我重点讨论了那些能够促进孩子能动性和责任感的表达方式，从一定程度上来说，培养学生的能动性需要老师学会多角度看待问题，并且愿意尝试以不同的方法来解决问题。如果我们做不到这一点，那么当孩子们离开教育环境后，发展前景将不容乐观。学生离开学校时，他们可能以为自己知识颇丰，但实际上却缺乏独立思考的能力，也不将自己视为积极探索的个体，这是极为可能的，甚至是非常普遍的现象。

即使我们能做到，那也是远远不够的。我希望孩子们不仅认为自己爱探究，而且将自己视作多元社区的一分子，通过积极参与和多元视角，帮助彼此在智力、社交和情感方面成长。我接下来要讨论的就是这种社交和情感成长，因为它是智力发展的基础，与智力发展密不可分。

第 7 章

情绪与社交

在预测学术成绩和个人成就方面，情绪感知能力
的准确性更高，胜过标准化智力测试。

——玛丽·海伦·伊莫迪诺 – 杨
（Mary Helen Immordino-Yang）

孩子刚出生时，只能感知到不同程度的舒适或不适，尚
无法体验到成年人所拥有的复杂情绪。随着他们与照顾者之间
展开一系列充满情感的互动，他们就能逐渐开始感受到并理解
自己的情绪。在不同的文化背景下，他们学会了识别愤怒、失
望、悲伤和不耐烦等情绪。此外，他们还需要学习如何管理自
己的情绪，并掌握情绪表达的适当时机。随着这些能力的逐步
发展，他们的社交技能也会不断提升，因为人们更倾向于与那
些能够有效管理情绪并恰当表达情绪的人建立友谊。与此同
时，他们的学习能力也会得到改善，因为无论是学习新技能还

是参与合作游戏，都需要对挫折感等情绪进行有效管理。因此，孩子在情绪方面越成熟，他们的生活就会越顺利，而这也会让周围人的生活变得更加美好。当然，社交生活不仅需要了解和管理自己的情绪，还需要敏锐地识别他人的情绪。如果我们无法理解他人的情绪，就无法区分讽刺、玩笑和支持，也难以与他人进行有效的沟通。

在这方面，教师的作用是引导学生关注各种特定的情绪，包括情绪的感受及其细节表现，并为之命名。例如，在与学生共同阅读时，教师可以谈论故事情节中的角色，并引入诸如激动、阴郁、满意或嫉妒等表示情绪的词汇。即使是在阅读词汇量较少的初级读物时，也可以进行这样的引导。

"故事中有一句话，'奶牛们对农夫越来越不耐烦了。'当我们在收拾整理时，我有时也会感到不耐烦，希望大家都快一点。大家有没有感到不耐烦的时候？不耐烦是什么意思？（如果需要，老师可以向学生阐明词义。）请把'不耐烦'这个词读给你的伙伴听，并回想一次你感到不耐烦的经历，告诉他。你可以用这样的句型：'当……时，我感到不耐烦。'"

在这个例子中，老师引导学生关注"不耐烦"这个词在真实情境中的用法，并以自己为例，帮助孩子们将单词与相应的情绪联系起来。接着，她请一些学生分享自己的真实生活经历，并解释这个词的意思，必要时她还会进行解释和澄清。随后，她让学生们互相举例，以便在过程中反复使用"不耐烦"这个词。每使用一次，孩子们对这个词的记忆就会加深一层。为了进一步巩固效果，她下次可能会问："你的父母为什么会感到不耐烦？"或者"我感觉有点不耐烦，有人知道为什么吗？"或者"你是不是有点不耐烦，亚历克斯？"在不同情境中使用这个词，我们不仅扩大了记忆连接，增强了对词义的理解，也让我们养成了讨论情绪的习惯，学会了理解自己和他人的感受——这些感受解释了我们和他人行为背后的原因。

"不要那样向后靠在椅子上，因为我不希望看到你受伤。"

谁没有纠正过孩子的不当行为呢？杰拉琳·约翰逊（Jeralyn Johnson）对她的一位四年级学生说的话，不仅纠正了不当行为，而且充满了关切和情理，因此听起来少了几分生硬。如果缺少这份关切，她的话就会变成命令，显得老师高高在上。相反，她的话饱含了自然的情感表达，用爱和关心为课堂教学打下了坚实的基础。当学生感受到老师的关心时，他们会更喜欢学校生活，也更容易获得成功。

"我在一大群人面前会感到紧张。"

梅里·科马尔对她的二、三年级学生如是说。艾莎是一位接受特殊教育的二年级学生，当时她不愿意做读书报告，并且开始表现出一些行为问题。然而，这份读书报告是艾莎特意要求做的，是她第一次主动要求完成的任务。梅里猜到了她出问题的原因，于是坦诚地告诉学生，自己在一大群人面前讲话时也会感到紧张。学生们一开始并不认同她的说法，认为老师在说谎，因为每天上课她都在他们面前讲话。于是，梅里解释说："当我在一大群不认识的成年人面前讲话时，我会感到紧张。所以，我会到浴室里照镜子，摆出女超人的姿势，假装自己是个女超人，然后记住自己开始讲话时的样子。这样做之后，我就自信多了。"

梅里的坦诚让艾莎觉得自己的焦虑并不是什么大不了的事，而她的同学们也开始分享各自的焦虑经历。他们的故事和梅里的一样，并没有把自己描述成焦虑的受害者，相反，一切都在掌控之中。艾莉提到，她原本对舞蹈表演感到焦虑，她父母建议她想象观众们只穿着内衣，这个办法确实缓解了她的焦虑，也引得全班哄堂大笑。科林则表示，他假设只有家人到场作为听众。通过这些分享，焦虑的怪兽逐渐被学生们制服，艾莎也开始能够谈论她的焦虑："我想尝试新事物，但我不想让自己难堪。"梅里建议她可以先和朋友一起排练，或者把要讲的话先写下来再朗读。听到老师的建议，几位同学表示愿意陪艾莎一起排练。尽管艾莎接受的是特殊教育，但梅里并没有因为她的特殊身份而将她的行为简单地视为问题行为。正是基于这种客观而包容的态度，梅里能够实事求是地看待艾莎的困难，并最终找到了有效的解决办法。

让学生习惯于讨论情绪是重要的，但更重要的是，梅里帮助孩子们理解如何掌控自己的情绪，并学会策略性地预见和管理这些情绪。课堂上，将学生使用的策略和老师的反馈记录在一个互动图表上，以便日后参考和使用。通过这种方式，梅里的教学为学生提供了持续的支持，同时也增强了他们的自我认知。例如，当艾莎听到"艾莎，看看你今天帮助了我们所有人"时，她重新认识到自己是一个有能力并为班级做出贡献的重要成员。

这种情绪和行为管理策略能够显著提升儿童的自我调节能力。以沃尔特·米歇尔（Walter Mischel）的著名实验为例，孩子们独自坐在房间里，每人面前放着一块棉花糖。他们可以选择立即吃掉它，也可以等待实验者回来后再吃，以换取两块棉花糖。如果引导孩子使用一些策略，比如将棉花糖想象成云，或假装它是一幅画，或者在心里为棉花糖装上一个罩子，他们的等待时间就会更长。然而，正如梅里所发现的那样，自我调节不仅仅是一种技能，它还可以通过故事转化为滋养成长型思维的动力。这些故事超越了单纯的技能传授，它们通过情感共鸣帮助孩子塑造更强大的心理韧性。例如，当孩子听到一个关于一个人等待和坚持最终获得成功的故事（"你等待的时间越长，你感觉自己越厉害"），他们就会在面对延迟满足时表现得更加出色。

孩子们的行为和情绪调节能力是衡量学业成就的重要指标，这一能力并不受社会经济地位（SES）、智力水平和文化背景的限制。自我调节能力能够更准确地预测学术成绩的变化。具体而言，自我调节能力较强的幼儿在低年级的数学和识字方面表现更佳，同时他们的社交技能更为突出，健康状况也更好。无论他们的社会经济地位是高是低或童年时期的智商水平如何，这些孩子成年后更有可能取得成功，较少违法犯罪，并且能维持良好的健康状态。

成年人在日常生活中时常遭遇意外事件，这些事件有时会引发负面情绪反应，比如突如其来的"触发性"言语，或是无法预料的经历，甚至像艾莎那样由自身行为引发但未预见的情绪反应。我们每天都在处理对同事、家庭成员或邻居看似无意的行为的反应。医生、护士和应急人员每天面对疾病、伤害和死亡，但他们必须管理自己的情绪，履行职责。我们都努力寻找有效的方法来管理和表达情绪，以创造理想的生活——尽管有时会感到无能为力。梅里通过她的教学提升了学生的情绪能力，为他们自己及其朋友和家人开辟了一条通向光明未来的道路。

"那种感觉如何？"

通过对话，孩子们有机会识别、表达并深化他们对自己情绪的理解。特别是在讨论具体活动或事件时，这种对话方式引导他们思考这些情境如何影响自己的情绪。此外，当这种方法应用于解决社交问题时，它可以帮助孩子们更好地相互表达和理解彼此的感受。例如，询问"他不让你使用电脑时，你有什么感受"可以促进孩子们更深入地探索和表达自己的情绪。孩子们越能准确识别和表达自己的感受，他们的情绪处理能力和人际交往能力就越能得到发展，同时他们也越能对他人的情绪感同身受。

"完成你的第一本非小说读物感觉如何？"

这个问题比之前的问题更为具体，并且将孩子视为真正的作者，使他 / 她有可能成为另一类人。这种表述方式引导人们进入一种主动状态——你制作了这本书——同时引发对相关积极情绪的关注，增加了他们未来继续制作书籍的可能性。它还将内部动机与制作书籍的行为联系起来。回顾这次经历与经历本身一样美好，对于增强积极动机同样有益。与有意义的活动建立积极关联至关重要。在幼儿园，亚力杭德拉帮助她的同伴掌握了一项新技能。苏西老师告诉她，她的伙伴已经开始运用这项技能，并问道："你为你的伙伴感到高兴吗？"接着又补充说："是你帮助了她，对吗？"老师将这两件事联系起来，亚力杭德拉露出了一个大大的笑容，并点了点头。多问一句"感觉如何"无妨，这个问题有助于人们更好地意识到自己的感受，使原本短暂的积极关联变得更加持久。

"作为科学家，你认为他对此会有什么感受？"

对于书中一个名叫本特利的人物，一年级教师佩金·詹森问了这样一个问题。我们每个人都集合了多种不同的身份，孩子们需要理解这些身份如何对情绪造成影响。一个人在作为父亲时的感受，跟作为科学家或朋友时的感受会完全不同。不同身份经常导致相反的决策和形成不同的价值观。举例来说，我兼具父亲、丈夫、朋友、研究员、园丁、作家、足球运动员等不同身份。母亲节那天，我是去踢足球呢，还是继续完成既定章节的创作？是去帮朋友搬家呢，还是在这天充当"宠妻狂魔"？我们努力采取各种方法以保持一个连贯一致的自我形象，并且尝试将我们所拥有的多重身份融合成一个协调、统一的整体。在孩子们思考问题时，我们可以让他们借助不同的身份，比如，我们可以问："作为他的朋友，你是怎么想的？"

"如果你是书中的角色，你现在会作何感想？"

孩子们不仅需要理解自己的情绪，他们要完成人际交往，还必须准确理解他人的情绪。这个问题是八年级教师塔克女士提出的，但她并不是在寻找唯一的答案，答案跟她本人甚至毫无关系。她要做的不过是调动学生的换位思考能力，推己及人，理解他人的社会角色和感情世界。这样一来，学生的阅读程度就加深了，与书中角色也有了更多互动，这会增强他们的同理心，对学生和成人都有同样的效果。

　　这个特定问题有一个更普通的版本："你认为她对此有何感受？"我们讨论小说和管理日常课堂时，都可能会问到这个问题。在课堂冲突中，我们会问争执各方有什么感受。我们坚持让学生想象自己处在对方的境地，为自己的行为对他人的影响负责——这也是掌控感和民主制度的核心。同时，我们也通过这种方式来培养孩子们理解他人的能力，从而更好地理解故事，揣摩自己的文字会对他人产生的影响，并推测作者决策背后的原因，能够进行批判性阅读。

　　但并不是所有的提问都能产生同样的调动效果。例如，"想象一下，如果这种事发生在你身上，你会有什么感觉"是不是比"想象一下艾米莉的感觉"能带来更多亲社会行为？前者不仅包含更多同情与关怀，而且增加了自我与他人在认知、情绪、行为和身份上的共性和交集。这个问题也有类似效果："他拿走你的玩具时，我理解你为什么生气。我想知道，你在玩玩具而他没有玩具时，他会有什么感觉。"

　　这种方式在培养孩子们理解他人的能力的同时，也使他们意识到故事的单一视角，其他视角并没有同等呈现出来。比如教师可以说："你们知道我想听谁说话吗？我想知道某某（书中配角）的感受。"请孩子们扮演不同的角色，一起参与重讲故事，请他们讲述特定情况下的感受和想法，是让他们成长的另一种方式。情绪和想法以复杂的方式交织在一起，相互影响。塔克老师八年级的班级里有这么一个例子。一位学生断言书中角色为兄弟姐妹的死亡感到内疚不合逻辑时，塔克女士问："悲伤难道不会让你在想问题时失去理智吗？"梳理感受、人际关系和情境之间的关系是情绪成熟的重要标志，比如我们应当认识到，愤怒会导致异样的想法，平静下来之后我们压根不会那么考虑问题。

个人发展的各个方面存在着复杂且不太为人理解的关系。例如，孩子理解他人的能力与幸福感有关，对于 3～8 岁的孩子而言，如果他们拥有稳固的幸福感，比起幸福感较弱的孩子，他们的故事会更有同情心和亲和力。这些好处在官方考试中无法体现，我们也不清楚其中的因果关系。然而，若有附带益处，又无需额外投入，那便不妨一试。理解自己意味着理解他人，理解我们的相似和不同，因为我们在他人身上看到自己，也在自己身上看到他人。从长远来看，我们越能超越自我、换位思考、协调互动，整个社会就会越进步，每个个体就会越成熟。

"如何（用面部表情）向我展示'着迷'？"

杰拉琳·约翰逊（Jeralyn Johnson）与四年级学生分享了书中遇到的"着迷"这个词，然后她问了上面这个问题。学生们要想办法回应老师，就必须仔细关注这一情绪及其具体表现。他们也许能找到一个相关的经历来唤起这种感觉，同时还要清楚面部表情的本质。这为什么重要呢？如果对他人的理解不准确，我们就无法从这种能力中获益。为此，人们需要准确理解彼此是如何表达情绪的——包括面部表情、肢体动作以及语言表达。

杰拉琳还换了一种方式提问："我拿起这本书时做了这个表情，我当时有什么想法？"请注意，杰拉琳之所以这么问，是要让学生推测她当时的情绪以及相应的想法。理解情绪和想法，要将当时的表达和这个人过去的行为经验相结合，而杰拉琳的学生就是这样做的。有一个学生回答说："你要激励我们。"另一个学生回答说："好狡猾。"在社交过程中，拥有识别他人情绪的能力才有可能进行有效沟通。

因此，教师会问"你在想什么""她在想什么"或者"你认为她对此有什么感受"。学生要回答这些问题，就必须使用心理动词（比如想象、感觉、相信、想知道、想要、喜欢等）和心理状态语言（比如悲伤、困惑、热情、悔恨等），这会促使他们成长。人是社会性动物，人们社交的基础是对他人的想法、行为、意图、情绪和信念进行想象和推理的能力。对成年人而言，社交能力的发展是人际关系乃至身体健康的基础。能够理解他人，我们才能够多角度理解事物，这不仅是积极社会关系的基础，也是社会运作的基础。用直白的学术术语来说，它直接影响孩子理解复杂叙事的能力，也直接影响他们在辩论中说服他人的能力，最起码在孩子五岁到七岁时，还决定了他们能否更好地理解习惯性表达。理解他人的能力是批判性素养的基础，要培养这种能力，个体需要从多个角度看问题，理解他人的意图，并设想可能还不存在的社会安排。

　　孩子们越能清晰地表达自己的感受，他人就越不需要进行推测想象并犯错误。成年人也是如此。这种交流让同伴关系、亲子关系、父母关系和商业关系变得更加牢固，也可以减少孤独，并最终减少人们对心理健康咨询的需求。另外，正如我们在第 5 章中所了解到的那样，学生们越觉得他人的想法和感受有趣，他们就越可能发展出成长型思维。

"还有谁会喜欢那本书？"

　　要给出一个合理的回答，必须得了解他人的兴趣和能力。这个问题还暗含一层假设，即谈论彼此阅读的书籍和兴趣是一件平常事。同时，通过这种方式，孩子们对彼此了解得越多，就越不容易恶语相向。如果老师在班级里鼓励知识分享，孩子们似乎就能够在推荐书籍时考虑到对方的阅读兴趣和水平，而不会因为相互之间的能力高低而互相攻击。此外，一个学生在被问及这个问题时还指出："帕特里克也许会喜欢吧……他不爱笑，但这本书可能会让他露出笑容。"

　　事实证明，我们在阅读和写作中自然而然就学会了如何理解他人，一些教师积极地利用读写活动来实现这个目的。在本学年之初，琼·威廉森向她的学生解释说："我们学写人物传记，是因为我们正在学习如何更好地了解他人和自己，二者在

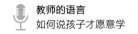
一定程度上是契合的。"围绕书籍展开的对话和讨论同样可以带来更多的相互理解、归属感和关爱意识。

"克劳德，你知道我听见你刚才在说什么了吗？把自己放到她的位置上想想看，你可能没有意识到这个问题。你刚说'她怎么就不能闭嘴呢'，辛妮（书中角色）也正有这样的想法……"

老师的这段评语让学生和班级的其他孩子意识到一种原本可能被忽略的认知方式。当人们全身心投入一件事时，往往意识不到自己做了什么。这种自动化的心流表现是对心理资源的高效利用，因为它不会占用我们有限的意识空间。然而，这种自动化的心流表现也有缺点：当我们遇到无法自动化处理的问题时，我们往往想不到使用之前的方法来应对新情况。老师对克劳德的评语将人们的潜在能力转化为个人和集体在未来可以使用的资源。

这条评语实际上还有其他作用。它（委婉地）向克劳德指出，他作为读者做了一件合理的事，并为他提供了展示自己能力和主动性的机会。同时，这条评语也让学生能够从辛妮的角度进行讨论，使他们意识到故事讲述总是通过某一特定视角来进行的，不可能平等地对待所有视角。换句话说，这为培养批判性素养创造了条件。

教师的重要任务之一是花时间了解学生的想法并予以共情，尤其是那些与教师本人不同的学生。无论是谁，我们都应如此。谈到共情，我们往往会关注负面情绪。然而，在一项针对大量白人教师的年度研究中，托德·皮廷斯基（Todd Pittinsky）和马修·蒙托亚（Matthew Montoya）发现，如果有色人种学生的积极体验能得到教师的共情，他们就会对教师产生更积极正面的感情，从而导致双方更积极主动的互动，进而提高学生的学业表现。毕竟，语言是充满情感的，教学愉悦感也往往是具有感染力的。积极情绪会影响孩子们的解决问题的方式、自我调节、社交行为、归属感、学业进步以及与学校的关系。只要人们处于幸福的状态中，哪怕幸福而不自知，他们也不太会对人产生刻板印象。负面情绪，尤其是悲伤，则会带来相反的效果。如何让学生拥有愉快的课堂体验，如何与学生的愉悦产生共鸣，这方面的研究成果十分丰富。

补充材料

解释以下示例中，教师的语言对儿童的社交、情绪和学业发展的重要作用：

"你注意到这一页上爸爸的表情了吗？当轮胎瘪了的时候，他的表情是怎样的？仔细观察他的眼睛和嘴巴，是不是像是在说'哦，不！'？我觉得吉尔·巴顿在描绘爸爸轮胎瘪了时的面部表情非常出色。她肯定深入思考过这个场景，并想象了爸爸在这种情况下的反应。"

第 8 章

认 知

> 教育从最深的层次上赋予了我认知者的身份。它回答了"我是谁"这个问题，同时也回答了"世界是什么"这个问题……这两个问题的答案不仅让我认识了自我和世界，还定义了两者之间的关系……认知者的本质是什么？被认知事物的本质是什么？两者关系的本质是什么？这些问题属于一个叫作认识论的学科。
>
> ——帕克·帕尔默（Parker Palmer）

> 对课堂互动的根本认知为学习设定了底线：教学最重要的不是让学生讨论别人思考的结果，而是在多大程度上促使学生进行思考。
>
> ——马丁·尼斯特兰德（Martin Nystrand）团队

多数老师在上课时会提很多问题，并认为其中绝大多数问题只有一个标准答案，但亲爱的读者们，我绝对不是在说你们，请放过我吧。在英国的一个低年级抽样中，学生回答问题的平均时间不超过五秒钟，其中，70%的答案包含三个及以下词汇。仅10%的教师会提开放性问题，15%的教师从来不提。教师与学生之间的常见互动模式被称为IRE模式，即教师发起（Initiate）、学生回应（Respond）、教师评价（Evaluate），有时也被称为IRF模式（Feedback，反馈）。请看下列例子中的师生对话：

> 老师：我们整个学年都在学习"顺序"。"顺序"意味着什么？（发起）
>
> 学生：次序？（回应）
>
> 老师：对。（评价）……请列举《波普先生的企鹅》（*Mr. Popper's Penguins*）里的一些事情，我们一起来排序。（发起）
>
> 学生：他在画画。（回应）
>
> 老师：好的，这是一件事……（评价）
>
> 学生：那个人在屋顶上走。（回应）
>
> 老师：好的，（评价）我们知道他是谁吗？书里有提到他的名字吗？（发起）
>
> 学生们：没有。他是走钢丝的人。（回应）
>
> 老师：谢谢你，詹姆斯……（评价）
>
> 学生：库克船长筑了一个巢。（回应）

老师：好的，非常好。（评价）我们将企鹅筑巢称为什
么？（发起）

这种问答模式具有极强的控制性，原因有两点。其一，
这种对话的基本前提是教师已经掌握了需要知道的知识，因此
可以评判学生的回答质量。在这一框架中，教师被赋予了权威
角色，成为知识的传授者，而学生则被赋予了知识接受者的身
份，缺乏权威性。其二，IRE 模式实际上更应该被称作 QRE
模式，因为对话的启动几乎总是始于一个问题。在这种机制
中，学生不仅必须回答问题，且回答的主题和形式都受到严格
的限定。这种设定进一步增强了问题对学生的控制力度。那些
具有明确或潜在正误答案的问题，控制性尤为突出。IRE 模式
的背后隐含着对帕克·帕尔默所提问题的回应：知识被视为教
师所拥有的财产，他们有权将其传递给学生，而学生则只能通
过教师传授的知识来认识世界。

基于 IRE 的课堂互动之所以有问题，并不是因为它效率
低下。罗宾·亚历山大（Robin Alexander）指出："从其自身
角度看，它可以非常高效……（然而）它之所以有效率，是
因为它把传授当作教学，把接受当作学习，认为重复产生认
知。"IRE 作为主要互动模式也有问题，因为它会导致非主流
文化背景学生的文化冲突。

有一些方式更具文化渗透性，可以让孩子们在学习和构

建知识的过程中扮演更积极的角色，这些教学方式完全可以取代 IRE 模式。正如芭芭拉·罗格夫（Barbara Rogoff）和近子托马（Chikako Toma）指出的那样：

学习如何接受信息并展示所接受到的信息，与通过共同努力深化和发展思想有着本质的区别。在后一种模式中，参与者的角色更加多元化。例如，他们可以引领集体探究，共同尝试全新想法，或者深入跟随他人的思考过程。

在以下示例中，教师的言谈都建立在一个前提之上：学生是有思想的人，他们的话语值得倾听。这些对话的核心在于提升认知的有效性，使其更具文化渗透性，对此我坚信不疑。

"你是怎么想的？"

这是一个开放性问题，学生可以表达尚未成熟的想法。它的开放性极高，为学生提供了多种参与方式，并传递出一种非评判性的态度。这个问题让学生有机会被倾听，而被倾听的感觉可能比所表达的内容本身更为重要。教师可以进一步提问，如"详细说说你的想法"或"请继续分享你的想法"，以此让学生明白教师在认真倾听，他们可以为班级做出重要贡献。同时，这种倾听还会增强学生的归属感。我们越认真倾听学生，他们就越觉得自己被理解和关心，越觉得自己对集体的贡献有价值。所有这些都会带来更高的参与度、成就感、自尊和整体幸福感。

梅里·科马尔记录了她的二、三年级学生在读书讨论中的发言，不仅是为了反思对话的变化特点，盘点学习成果，还因为她可以稍后直接引用学生的发言，让学生意识到自己的观点是多么重要。同时，记录也有助于她减少对讨论的频繁干预。

学生发言较长，在概括他的发言之前，老师说："不知道我理解得是否正确。"

这一做法不仅让我们可以回顾进展情况，也能借此进一步思考（如果有必要的话）。通过点评学生的发言，老师对学生的观点进行了即时反馈，表明她在倾听，同时也为学生审视、修改或质疑自己的发言提供了可能。除非语调另有含义，否则，该表达实际上让老师不再评价学生。这句话还可以表达为"让我们停下来看看我们做得如何"。这种说法达到了同样的目的，不同之处在于老师被视为班级的一员，她想办法帮大家完成了探究过程。该表达用"我们"代替了"我"，实现了这样的效果。"我理解对了吗"这一问题也有助于修正或调整老师的概括内容。这也将老师定位为辅助孩子思考的人，知识生产的主体是学生。

"还有其他疑问吗？那我们就先开始讨论。"（教师把问题写在图表上）

让学生提出问题的结果，就是话题由学生主导，至少让师生双方在讨论内容上都拥有发言权——只要他们认真对待并跟进这些问题。如此一来，问题本身就成了探究的内容，这赋予了讨论更深层次的意义。例如，这表明学生在知识生产中的角色发生了重大变化。这些问题还改变了学生对学校的认知及其与自身兴趣的关系。学生可以首先提出大量问题，然后决定哪些问题最值得深入探讨。最终，他们变得越来越擅长提出有趣的问题，尤其是在得到鼓励并对问题进行深入分析时。一位教师提到某类问题时说："你问班上任何一个人，他们都有话要说。这些都是重大问题。"具备提出有效问题的能力或潜力，对儿童的掌控感和批判性读写素养的发展有极大的助益。

听起来容易做起来难。作为教师，大多数人读书时所接受的认识论让我们觉得自己必须回答学生的问题，特别是当我们知道答案时更是如此——我们觉得自己应该要回答。其实有时候学生也会因为我们不回答他们的提问而愤怒，他们认为我们违反了师生间的明确约定。因此，刚开始的时候，他们可能会坚持要求老师扮演唯一的权威，向他们单向传授知识。他们知道学校的运作规则，在熟悉的环境中待着比较简单，哪怕这种环境中的氛围压抑。

"（沉默不语）"

这有时也被称为"等待时间"，其实老师在学生发言之后保持专注和沉默，可能称之为"思考时间"更合适。大多数课堂时间里，都是老师在滔滔不绝地讲，留给学生的思考时间微乎其微。而且老师留给学生思考的等待时间也长短不一，他们对成绩好的学生更有耐心，给予成绩差的学生的思考时间则比较短。

表面上看，保持沉默似乎不值一提，但更长的思考时间有助于更多的参与、更长的发言和更"高阶"的思考。实际上，有的老师还会故意放慢对话速度，强调"思考"，从而培养学生的反思习惯。例如，在学生找到问题的解决方案之后，琼·贝克尔老师会问他们如何核实方案是否正确，她说："花点时间消化这个问题……（长时间停顿）。"同样，她可能会说："这是一个复杂的问题，我们稍微思考一下。"

老师停下来等待，就给了学生发言的机会。在一对一交流中，这相当于问学生："你能详细说说吗？"老师常常这样问。它传递出重要的信息："我对你所说的感兴趣。"这让孩子感到自己是被重视的。它还能让孩子形成更清晰的自我认知，比如"我的经验和知识很重要"。给予思考时间也是对学生的尊重，这种尊重是教学关系的基石，是健康活力的关键。教师等着学生解决问题或自我纠正，他们的行为向孩子们传递了一个信息：相信你们有能力做到。如果迫不及待，则传达出相反的信息。

"我想知道……"

这类语言如同润滑剂，它意味着老师提供了一个可能的假设，或一个试探性的想法，邀请他人考虑、改进或深化，但又不强求。这类不确定的表达式可以让老师在参与课堂讨论时，将自己的权威最小化，以便让学生能够分析，甚至批判老师所讲的内容。其他"不确定性表达"包括"也许""看起来像""或许""或者什么""我想"等。这些表达方式还可以使小组讨论的范围更为广泛，正如尼尔·默瑟（Neil Mercer）提出的"探究性谈话"那样，在谈话中，不同的观点和智慧集中到一起，以最有效的方式探讨问题，下一章将对此进行讨论。

"我之前没有注意到这一点，多亏安东尼指出。"

这条评语有效地平衡了师生之间的力量差异，让学生在课堂学习中也能发挥能动性，确认了学生作为有掌控力的知识贡献者的地位和身份，从而让他们更有可能继续积极参与课堂活动。在梅里·科马尔班级的一次读书活动中，一位学生分享了自己的读书心得，老师回应说："我之前没有注意到这一点。"稍后，另一位学生说道："我第一次读这本书时也没有注意到，但汤姆提出来时，我就注意到了。"这些交流相当于说"我从你那里学到了东西"，他们认可了他人对班级的贡献，从而也就认可了他人的能力。我怀疑他们在发言时也流露出了感激之情，因此这类评语不仅让孩子们知道他们正在被人倾听，正如我之前提到的那样，这还会带来重要的益处。

"这个观点非常有趣，我之前从未想过，我需要再仔细想想。"

这条评语的重要性需要一些背景介绍。学期初，全班同学正在讨论一本书，这时，一位来自边缘族群的学生发表了一条意见，从主流文化的角度来看，他的观点似乎不太容易理解。老师听完之后若有所思，然后对他说："这个观点非常有趣，我之前从未想过，我需要再仔细想想。"通过这样的回应，老师向学生传达了自己的认识论："我不期待每个人都以同样的方式思考这个问题，我尊重你和你的观点。你可以继续提出其他看法，因为我期待从你的发言中有所收获。"这段话表明，教师并不掌握所有答案，不同的人会有不同的观点，我们期待并珍视大家为理解不同观点所做出的努力。学生（包括那些观点与教师不同的学生）拥有重要的发言权。

从最实际的角度看，这条评语可以让学生继续参与对话。如果做不到这一点，教学工作就难以完成，教师也无法有效地对学生进行教学。在让许多教师感到不适的环境中，这类点评展示了真正的教学能力，尤其是当教师们并非虚伪敷衍时，他们真心相信自己可以从学生那里学到东西。

"我不知道答案，但咱们能想办法把答案找出来吗？"

玛丽·考希（Mary Cowhey）是一位教一、二年级的老师，她报告说："每当孩子们提出好问题时，我一定会回答，'我不知道答案，但咱们能想办法把答案找出来吗？'"玛丽的回答让孩子们认识到，老师并不知道所有的知识，她既没有提供孩子们想知道的答案，也没有提供获取答案的方法，因为这两者都可能让孩子产生依赖。相反，她将双方定位为探寻知识的合作者（"咱们"），并邀请孩子们主导学习过程。这种提问方式给学生提供了一些可能性（"能……吗"），但并不强求学生找到答案，强求答案可能会使探寻失去乐趣。同时，她的提问方式允许孩子们考虑多种解决方案。在这个过程中，玛丽可能会提供一些帮助，但会让孩子们掌握探究过程的主导权。在持续的鼓励中，玛丽与学生之间建立起积极的关系——我有一个问题：我能想办法找到答案吗？一位学生在学年末写信给她："谢谢老师，你把你所知道的和你不知道的都告诉我们了。"玛丽接受了学生对她的赞美。

"你是怎么知道的？"

如果学生认为自己掌握了某个知识点，例如会拼写某个单词、知道某个事实或解决某个问题，我们可以这样跟进：请学生讲述这个知识点的形成过程、核实论据的来源和可靠性，并进行理论构建。无论学生的回答是否完全正确，这个问题都表明他是经过深思熟虑的。这种方式类似于询问："人们是如何得出这个结论（或立场等）的呢？"它假定回答问题的人是一位有知识、会思考的人，即使他们这次的回答并非完全正确。这种对对方知识渊博且主动积极的假设，传递了非常关键的信息。更重要的是，这种方式并非公开声明，因此不易受到质疑。这个问题还将重点转向了认知而非知识本身。认真思考人们如何理解和验证自身所掌握的知识，是批判性读写能力的一个重要方面。沿着这个思路，老师还可以提出类似的问题，比如"你能举个例子吗"或者"你能提供支持你观点的证据吗"。

"我们怎么检验呢？"

这个问题与前一个问题密切相关，无论是在读写过程中想到一个单词时，还是在科学、社会学、文学中验证一个假设或理论时，甚至在审查政治声明时，都可以使用。这类问题（如"我们怎么能确定""是什么让你这样想"）代表了一种有效的认识论，使孩子们成为知识生产中的主角，赋予他们相关的权利和责任。

这种责任要求孩子们仔细核对知识的来源和依据，学会问自己同样的问题，并与他人一起讨论。这些问题迫使学生通过信息溯源或逻辑推理来增强自己的学习信心，而无需依赖外部权威来寻求验证。有些老师在提问时使用"我们"（如"我们怎么验证"），将验证的责任从个人身上转移到小组身上。这样既邀请了当事人作答，又避免了他在公众面前无法提供答案的尴尬。当学生们提出各种可能并一起寻找答案时，每个人都可以学习其他成员的思路，这一过程将在下一章中详细讨论。

"这是观察还是推测？"

在科学周中，老师提出了这个问题，当时所有班级活动都围绕着教室里小鸭子的出生展开，孩子们轮流观察和记录小鸭子的行为和发育情况。这个问题旨在让学生们理解观察和推测之间的区别，认识到依据和主张之间的关系。它还指出，人类往往倾向于为观察到的现象赋予额外的意义。正如迪安娜·库恩（Deanna Kuhn）及其同事所观察到的，婴儿在出生第一年结束时已经开始根据同时出现的前因和后果做出因果推论。然而，正是对推理策略的过度使用导致了问题的出现。此外，这个问题还要求学生关注自己和他人的语言使用方式，这些都是批判性读写能力的核心要素。

"谢谢你纠正我的错误。"

老师对学生说的话不仅表明了两者之间的地位差异，还反映了所用到的认识论。这暗示了学生所做的事情对大多数学生来说是多么不可思议——他竟然纠正了老师的错误。然而，这位老师的反应向学生们传递了一个重要的信息：在她的班级里，纠正老师的错误不仅是可以接受的，而且是值得鼓励的。

这种反应确认了学生的影响和老师的错误，同时也表明，双方是为了实现同一个教学目标，因此应该共同努力化解误会并纠正错误。共同参与学术探索是学习社区的一个核心概念。另一位老师在对学生提问进行反馈时说："我真的不知道，对此我毫无头绪。咱们一起找答案吧，因为……你知道吗，其实我自己也很感兴趣。"对许多人来说，告诉学生自己不知道答案是一件难以启齿的事情。然而，这样回答极有影响力。它重申了这是一个共同的学术活动（"咱们一起"），让学生处于主动位置，并通过确认其意义来强化研究动机。老师的这种回答方式不仅鼓励学生提出更多问题，还让大家一起探索"如何研究这个问题"的可能性。

让我们沿着这个思路继续探讨。四年级教师琼·威廉森曾对她的学生们说："永远不要完全相信我说的话；永远不要完全相信任何成年人说的话。也许我会说 5 是质数，但你能证明吗？"琼的话语传达了一个重要的信息：没有人拥有全部的真理，权威应当始终受到质疑、检验，并寻找其合理性的依据。这是批判性读写能力的另一个核心内容，在认识论上具有重要意义。我们通过这样的认识，明白人类犯错是再自然不过的事情。无论本意多么善良，地位多么崇高，任何权威都难免会犯错。更为重要的是，当孩子们在课堂上听到老师这样的回复时，他们不会因为自己的学生身份而盲目接受从老师和课本那里获得的知识。相反，他们会认识到话语不仅是传递信息的工具，同时也理解到教室里存在多种话语来源——老师、书籍、互联网、同学以及他们自己的语言——并将这些视为思考的工具。

我的意思并不是说这些老师从不进行讲座式授课或从不采用简洁的 IRE 模式。IRE 模式在课堂生活中有其合理的位置，尤其是在简要复习或逐步讲解复杂概念的时候。然而，当课堂互动主要采取 IRE 形式时，学生们会竞相给出正确答案，他们开始相信学习的主要目的只是为了向老师展示自己做对了，而不是协作构建知识体系。当然，直截了当的讲解也应该在教学活动中占据一席之地。在撰写这本书的过程中，我征求了同事们对初稿的意见，并找到了一些小型讲座的文字稿（包括书籍和文章）。这些"传递信息"的资料并没有影响我对研究教师课堂用语价值的探究和理解，也没有改变我对于所研究内容可以不断改进和发展这一认知。如果我要深入思考教学，有很多事情需要了解。我能得到多少帮助，就会尽量用上多少帮助。研究本身并不意味着每件事都必须从头学起，但找到有效的提问方式比现行的教育实践更为重要。此外，讲多少、如何讲，也涉及老师的技能，这一点不容忽视。要掌握这些技能，需要老师在一个社群环境中经常性地练习。

补充材料

如果想让课堂对话转为上述风格，你可以先想办法让孩子们适应开放性的公共对话。

1. 分析黛比·米勒（Debbie Miller）课堂中的以下互动。注意她是如何定位学生关系、师生关系以及所学主题的，也关注她是如何推动他们的能动性的。看看你会不会说出其他评语，或者你的做法可能有哪些不同。

老　师：你们看，这些都是新学的知识。我们学到了什
　　　　么？能跟我说说你们在做什么吗？

学生1：嗯，我们学到了很多。

老　师：告诉我，你们学到了哪些内容。

学生1：嗯，海洋是分层次的。

学生2：对。

老　师：什么叫海洋是分层次的？

学生1：类似于，你知道雨林有层次，对吗？海洋也差
　　　　不多，不过雨林分更多层次……海洋只分为三
　　　　层……对，三层。

学生2：对的，三层。

老　师：所以你的意思是海洋有顶层，对吗？然后是中
　　　　间层……

学生1：还有底层。

老　师：哇。

学生2：对，我还知道暮光层……暮光区……是中间层。

老　师：对的。

学生2：它在1000米以下。

老　师：在哪里的1000米以下？

学生 2：海面以下。

老　师：在海面以下。完全正确。

（经过进一步讨论之后）

老　师：太有趣了，我光坐着就学到了很多东西。我最好
　　　　让你们继续下去。谢谢你们让我认识了这些种类
　　　　的鱼。你们接下来是打算继续阅读和做笔记吗？

学生 1：是的。你看到这个了吗？

老　师：请继续，你们干得很好。

2. 下次你为学生们朗读时，不要提问，而要启用解释和
停顿。读到有趣之处，喊一声"哇"，然后满怀期待地略微停
顿，或者说"我想知道（表达某种可能性）……"，然后暂停。
最重要的是，学生要是发表意见，你要表现出兴趣——"（热
情地）哎，有意思……"，并稍作停顿。任何情况下都不要做
出任何评判，不要说"很好""没错""是的"之类的话。你可
以稍作点评，比如："我以前也有过类似的感觉……（停顿）。"
如果要提问，就问完全开放的问题，例如，"还有谁有过那种
感觉（经历）"。你要把握一条处理原则，那就是不评判学生，
给予他们充分的思考时间。如果一拍呼吸的暂停对你来说都太
难，那么试着慢慢默数到 5，或者 10，然后再从刚刚停下来的
地方接着说。

3. 不要让课堂对话以你为中心。马尔格·韦尔斯（Marg
Wells）在教二年级学生时就用到了以下策略。首先在班级内

开展调查，了解学生们关注哪些校内外话题以及社区和全球性问题。他还在调查中询问孩子们为什么事情而担心、生气或开心，以及他们想要做出哪些改变。由此产生的话题与学生息息相关，对他们来说也很有吸引力，引发了不同角度的思考，并促使学生投身其中。

4. 与学生共读之后，让他们就这本书的内容进行提问。尽可能鼓励他们多提问，并将问题全部记录在表格中，不要删其中任何一个。为学生一一朗读这些问题，告诉他们这些问题非常有趣。但是，显然没有时间找到所有问题的答案，也许选出三个问题来回答或思考更可行，可以全班一起或分（多样化的）小组进行选择。一旦学生的能力足够完成这些任务，你在形式上就可以更有挑战一些，可以让他们向作者提问，比如他们想知道但文本中没有提及的内容。

5. 对于高年级学生，如果种种原因造成只有部分人愿意参与问题讨论，老师可以在黑板上写一句有争议的句子，看看谁赞成谁反对。例如，读完《穿靴子的猫》（*Puss in Boots*）之后，可以是这个句子："在这本书中，猫对所有人撒谎，甚至为了自己的利益杀了人。他不是'好人'。"如果学生因为种种原因不愿意表态，可以让他们站到自己比较倾向的组别（赞成或反对）旁边，让他们知道自己可以在讨论的过程中改变立场。对于科学学习，他们可以通过这种方式进行预测，然后讨论如何让预测更站得住脚。

第 9 章

学习社区：不断进步，平等对话

民主既不是一种固有的状态，也不是一个一定可以实现的成就。它始终在演化、在发展。民主可以被视作一种可能性——一种可能的道德，和一副可能的画面。因为民主必然与人们彼此关注、关心和互动的方式相关，与选择和替代方案相关，与如何灵活、包容地看待事物相关。

——马克辛·格林（Maxine Greene）

民主社会的公民对自己的态度和立场有着坚定的信念和热情，但他们愿意对不同的观点保持开放的心态。通过协商，他们能够在尊重个体差异和满足社区需求的基础上，达成一致的价值取向和行动方案。

为了纠正我们盲目服从权威的倾向，我们需要信任自己观察、诠释和判断周围环境的能力。但是，个体的自信和直率必须与能够弥合分歧的行为习惯相辅相成。

——戈登·普拉德尔（Gordon Pradl）

　　人类进化成功的基础在于我们天生是社会性动物，这种社会性深深植根于我们的基因、细胞和荷尔蒙之中。因此，人际关系的质量不仅影响个体的身心健康和发展，也关系到支持这种发展的社区的质量。若不彼此依赖，我们就无法成长，这个缺点经由语言等文化工具得到改善，转化为我们的超级力量——即协作和利用集体智慧的能力。换句话说，我们所选择的语言将深刻影响班级里的人际关系和情感生活，以及学生们的生活、发展和未来。

　　请牢记，"孩子们会融入他们周围的智力生活"。这种智力生活是高度社会化的，孩子们学习所处的社会关系是他们学习内容的一部分。孩子们与成年人一样，在支持性的环境中会学得更好。环境的支持让他们可以大胆尝试新办法和新概念，并在智力上挑战自我。然而，学习社区不仅仅关乎支持，要想不断发展、不断进步，它们还需要接受不同观点的挑战，这种挑战不是权力竞争，而是"互相帮助，纠正彼此的纯粹个人化或自私化的思维倾向"。

　　有些老师特别擅长构建学习社区，使个体感到自己的价值和外界的支持，并保持高效的批判性学习。孩子们在打造自己的学习环境时，他们必须先体验过不同的社区环境，才能知道自己的目标是什么。英国和美国的学生在这方面经验有限。即使他们有小组任务，也很少以小组为单位完成任务，他们不分享想法，也不为共同目标而奋斗。我们参与过什么样的对话，通常就会将对话内容内化为自己的一部分，因此我们应该认真思考学校里师生互动的性质及其影响。

孩子们需要学会如何构建或融入学习社区，以便能够促进自身（乃至社会）的发展。本章将引用老师们的发言，展示他们如何引导孩子们营造充满关爱与尊重的学习氛围。在这样的社区中，学习变得寓教于乐，每个成员都认真对待彼此的观点，完成任务时也会发挥个人与集体的主动性。这类学习社区有一个关键特征，即成员们认可共同参与的事情和活动。但这并不意味着他们必须观点一致，相反，他们需要努力理解彼此，以便更好地携手共进。他们同意在特定时间内将自己整合为集体智慧的一部分。在这样的课堂上，孩子们不会认为自己在"朗读"，而是认为自己在"共同探讨一本书"。前者是老师讲、学生听；后者则要求集体参与，会影响学生对彼此和对老师的态度，我们需要妥善处理孩子之间的交流方式。

高效的集体思考要求参与者必须共同遵守一套参与规则。如果参与者积极参与这些规则的讨论、制定和更新，遵守起来就会比较容易。根据我的经验和公开发表的研究，最后制定的原则几乎都包括以下内容：倾听和尊重他人、确保每个人的声音都能被听到、给出同意或不同意的理由，以及致力于达成共识。发布课程开发的原则并根据需要更新将加速高效集体思考的发展。

倾听是协作学习社区的核心。一位朋友曾经承认，他错过了对话中的重要信息，并将其归咎于缺一个助听器。他的妻子向他保证，他需要的不是助听器，而是"助听助手"。倾听是相互学习的重要部分。如果我们总是想争个输赢，咬定自己是对的而对方是错的，这时，我们就很难去倾听了。反而是在话题跟自己有关或对自己有意义时，我们更容易倾听。如果倾听对我们有利，或者我们确信自己可能会从中学到有趣的东西，又或者倾听对我们要参与的重要活动非常关键，这时，倾听也是不难做到的。这就是为什么我们有责任帮助孩子们注意到倾听所带来的利己优势。

"你们听到蒂姆说的话了吗？史蒂夫，你能重复一下他说的话吗？这样我们可以一起思考一下他的观点。"

佩金·詹森的一年级学生在讨论时有点吵闹，于是老师问道："你们听到蒂姆说的话了吗？"她叮嘱学生们要认真倾听，然后让史蒂夫复述蒂姆的发言。如果她让蒂姆自己重新说一遍，或者她自己简单地重复一遍，那么学生们就会认为自己不需要倾听别人的发言，只需听老师讲讲重要内容即可。

认真倾听需要你真的理解发言者讲的内容，这意味着在必要时提问，谢里尔·麦克曼（Cheryl McMann）告诉她的五年级学生："记住，没听明白时要提问，这是你的责任，你得让他们解释。"她强调，在双方的关系中，听众要有主动性和责任感，因为，被倾听的感觉真的非常重要，我前面指出过这一点。它有一种类似于善意行为的效果。

"你在想什么？停下来和旁边的同学聊一聊。"

老师在讲课的过程中发出了这个指令，旨在引导孩子们关注学习过程，培养元认知意识，与此同时，鼓励他们交流和学习别人是怎么做的。这种开放性问题允许每个人都有话可说。老师要求邻近的同学聊一聊，而不是全班一起讨论，确保了所有孩子都有发言的机会，比全班讨论更节省时间。这样，孩子们也能认识到，构建意义并非只是得到一个"正确"答案。他们很快就会发现，不同的人会以各不相同但又相似的方式进行理解。同时，同学间越是交流各自的想法，就越能相互了解，越不容易用刻板印象来对待或贬低对方。将复杂的他人简化为几个凸显差异的特征——即"非我"的特征，就会导致刻板印象和支配控制。

"好的，梅琳达，你认真听了安东尼的意见，然后你们俩就此做了进一步的深入讨论。现在你们对这篇课文有了一定的理解，也知道了作者的意图，这些都是你们之前不知道的。"

两名四年级学生无法再讨论下去了，这时，他们的老师唐·里德（Don Reed）说了这番话，帮助他们重新开始讨论。老师帮助学生认识到，认真倾听会带来有趣的对话和新的学习。没有他的这番话，倾听、交流和学习之间的因果关系——一种利己动机和主动策略——可能会被忽视。如果这是我们期待孩子们做的事情，那我们就需要帮助他们看到这么做的好处。因此，我们应该提醒孩子们注意，有趣的想法和独特的见解往往是在倾听他人时被激发出来的。

"劳雷尔，他的发言似乎对你有所触动——你是怎么想的？"

老师的观察与点评与前一条相似，它也引导孩子们关注集体活动的重要性。老师邀请学生讲合作完成任务的经历时，他自己就完成了一次合作表述。这番话跟上一条一样，只不过发生在另一个教室里。在这个讨论中，老师主要起监督作用，一个孩子正在发言，他将自己的观点清晰地表达了出来，这时劳雷尔突然说："哦，这样啊。"然后举手示意。于是老师请她发言，让她告诉他人（和其他学生）的想法对自身思考所具有的重要意义。

这段点评再次推动学生为了自己去认真倾听他人，同时也推动他们去欣赏他人。有据可查，这个班的学生们确实意识到了这一点。如果同学有特别的、与众不同的想法，孩子们会付出额外的时间和精力尝试理解，我记录了这样的例子。在很多班级里，这样的评语可能无人关注，或者遭人嘲笑。这些互动让我明白，孩子们已经开始将不同的观点视为自己思考和学习的宝贵资源，这正与老师的引导一致。孩子们需要学会宽容，但作为一种社会关系的基础，理解差异符合自身最佳利益，这远比单纯的"宽容"更为重要。宽容通常只是对差异持冷漠态度，而不是真正的理解和接纳。相比之下，这番课堂对话则认为差异是个体的宝贵资源。

值得注意的是，针对真实情况临场发挥通常比预先计划好讲什么更有效。然而，有时候明确指出并预先计划是可行的，比如这样："确保每个人都有发言机会，不然你可能会错过不同的思路。"确保听到各种声音对自己有好处，如何让人们意识到这一点，这番话提供了一个示范。了解不同观点，可以让你监控并检查自己的思维。多种观点带来了不确定的局面，化解之法是将这些观点放到明面上，并做深入思考。

我们还可以再往前一步，鼓励孩子们留意讨论中缺失的观点，并帮助他们认识到，让这些声音出现在讨论中对个人和集体都有好处。在一个二、三年级的读书小组讨论中，组员克莱尔邀请了肖娜加入。肖娜是一个安静的学生，经常因为参加特殊教育而错过课堂讨论——这类学生会因此感觉自己是班级里的局外人。随后，他们进行了精彩的讨论。凯西·尚波老师引导学生留意他们自己从讨论中获得的享受，然后问道："如果克莱尔没有邀请肖娜加入讨论，会是怎样的情形呢？"要回答她的问题，学生们就要在邀请沉默的同学加入和随之而来的高质量体验之间构建因果关系。

值得思考的是，促使克莱尔邀请肖娜加入讨论的原因是什么。凯西发现肖娜似乎有话要说，但却无法加入讨论。于是凯西问小组成员们是否注意到了肖娜的情况，克莱尔也认为肖娜想发言却没机会。凯西询问其他人是否有过这种经历以及会有什么样的感受——这个问题让他们对肖娜更有同理心。凯西接着从同理心转向具体的行动建议："所以，当我们看到有人无法加入讨论表达观点时，必须主动邀请他们加入。"她将行动的责任交给克莱尔，并进一步问道："克莱尔，为什么你不去邀请她呢？"注意，凯西并没有直接邀请肖娜，在整个过程中，她都让克莱尔作为行动发起人。这一策略不仅激发了同理心，也强调了个人利益，即通过行动促进讨论的多样性。讨论圆满结束之后，凯西可以在私下里询问克莱尔的感受，对于帮助肖娜和为学习社区做出贡献，她感觉如何。

这个班级还举行过一次读书讨论，一名健谈的学生邀请了一名安静的学生加入讨论。讨论结束时，另一名学生评论道："请雅各布发言真是件好事，因为他有重要的内容要说。"学生们说的话深受他们所在的对话环境的熏陶。实际上，对话氛围一旦形成，安静的学生即使不经常在课堂上发言，他们也在积极参与，每个孩子说话的多少并不直接决定他成绩的好坏。

"现在，我们有两种不同的观点。我们认为……（总结观点 1），也可能……（总结观点 2）。你们怎么看？"

五年级学生进行读书讨论后，谢里尔总结了讨论中出现的两种观点，她让学生认识到多种观点并存很正常，并邀请学生围绕不同看法进行对话。请注意，她并没有指出不同观点提出者的具体名字，而是说"我们认为"，将这些想法打上集体思考和集体责任的标签。观点不与个人挂钩，就可以对其进行批评。在这种情况下，人们会更有创造力，会萌生更多的想法，并且对结果更满意。如果观点与特定个人相关联，或者没人对别人的看法发表意见，结果则完全相反。在这样的讨论中，我们仍然可以识别孩子们的贡献，但我们要将这些贡献与他们的讨论相关联，比如反驳、构建、提供证据或逻辑、引入新观点等，而不仅仅是计算发言量。

使用"我们"还有另一个重要原因。它假设每个小组成员都是学习社区的一员。"我们"是团结或亲和力的彰显和表达。教师在互动中使用集体代词，可以鼓励学生讲述集体故事。例如，"好的，那我们讨论到哪里了"这个提问会引发"我们在……"的回应。当然，当全体成员——或至少小组成员——共同参与社区项目时，这更有可能发生。围绕共同目标，参与共同行动，孩子们之间不仅产生了合作的能力和愿望，他们还会默契地习惯这样的做法。在此过程中，将孩子们的感受与高效的小组讨论联系起来，有助于确保他们全身心投入，让自己沉浸于学习过程之中。例如，学生们高度参与到讨论之中，待讨论结束后，我们可以指出："我发现意见分歧和认真倾听通常会让大家高度参与到讨论之中。"这是协作式学习的核心，也必然是民主的核心。

"你同意这个观点吗？"

提这个问题，其实是让大家表达不同意见，让人们感觉必须进一步搜集某个话题的相关信息，可以有效帮助人们意识到自己需要明确表达自身立场。一个学生条分缕析，试图说服他人，另一个学生想办法予以回应，逐渐地，大家考虑问题时都会更深刻和缜密。了解他人的思维方式提高了孩子们推测作为社会人的其他个体的意图和逻辑，如果得到鼓励的话，他们会将这种能力代入批判性阅读和写作中。鼓励表达不同意见，表明不同意见是受欢迎的，其实也是很正常的——在民主社会中，必须理解这一点才能保证我们思路清晰和积极参与。

我们也可以换一种表达方式，比如"有人能扮演一下反方吗"。检验一个理论或说法质量的高低，最佳方式是让它接受批评，或提出相反的理论并为之辩护。随着时间的推移，孩子们逐渐具备唱反调的能力，或者至少能够毫无芥蒂地邀请他人来这么做。在科学、法律和其他需要人们反复验证的领域，这是一项必备技能。学生们若在一个问题上立场不同，他们会督促彼此阐明立场背后的逻辑。在此过程中，他们各自的思考方式逐渐为他人所掌握，后者随后也会采用同样的策略。一旦一个学生在对话中使用了某种策略，这种策略大概率将被再次使用。每用到一次，就有可能被再次使用，频率会越来越高，使用人数会越来越多。在这个过程中，学生的说服技能显著增强，并在写作中得到体现。

"达蒙和塞尔达，谢谢你们。多亏你们提出异议，否则我们就无法深入探讨这个问题了。"

这句话委婉地肯定了集体思考的协作性质以及社区成员

的个体主动性，它在观点的冲突与集体思考的质量之间搭建起因果关系，这与研究发现一致。你或许已经注意到，这里特意提到了两位学生的名字，这似乎与不将个别学生与特定想法绑定的做法相悖。然而，这句话是将他俩与一种有效的策略联系起来的，并非某种观点。强调不同意见的好处，可以减少因个人想法未被采纳而产生的负面情绪。我们希望分歧和多种视角被视为正常且积极的现象，因为它们通常能带来更深刻的理解。因此，我们鼓励孩子们提出异议，以便理顺并拓展思维，也鼓励他们去发现差异为讨论带来的价值。

"还有其他看法或其他意见吗？"

研究发现，这样的问题在学校里并不常见，美国很少有老师在课堂上容纳或鼓励冲突的观点。我们几乎不会要求孩子们在讨论中同意或反对彼此的观点，也不会要求他们详细阐述他人的观点，不会将"其他学生的陈述"作为思考工具。但其实这是一种巨大的损失，因为这样做有许多好处。首先，它鼓励学生探索并解释他们偏好的立场的依据和逻辑。这使他们的思维策略成为学习环境的一部分，学生们在这个环境中成长，成为更成熟的个体，也更好地融入了集体。在追求依据和逻辑的过程中，独立性也培养起来了。习惯这个问题的孩子更愿意参与对话，他们比不习惯的学生更频繁地使用"因为""如果"和"为什么"这样的词语。事实证明，与单纯的模仿相反，拥有两种以上的视角、解释、宇宙观、框架或解决方案，才谈得上思考。

其次，正因为观点可能出现冲突，儿童才得以调整和拓展自己的观点。面对冲突的观点，学习者无法逃避，必须使之协调一致，这时认知变化就会发生。孩子们一边解决冲突，一边不断成长。意见不同比意见一致更能促使孩子们思维的进步。

再次，在这种学习情境中，孩子们了解了不同的想法，他们逐渐意识到差异为个体带来的好处，如果我们在此过程中帮助他们注意到这一点，那就尤其如此。这种领悟比宽容的力量更强大。要做到宽容，人们需要有意识地去维护这种态度，因为它并不明显符合个人的自我利益。

最后，鼓励不同观点是民主社会的一项本质要求，因此，人们对此要有所准备。事情有各种可能性，替代视角经常为我们关注的内容提供更好、更细致的理解，也为我们提供更得体的问题解决方案，熟悉这些概念是非常重要的事情。

鼓励多样化观点还有一个重要功能，它增强了孩子们理解他人的能力，正如我们在第 7 章中讨论的那样，这对读写素养的许多方面都至关重要。如果你无法理解或想象从某个特定制度的角度、女性的角度或者伊斯兰教的角度来看待问题，那么批判性阅读的可能性就会受到限制。你无法想象某事物可能被如何不同地书写，某些人的声音和观点如何在一篇文章中缺失。同样，如果你无法想象某些观众的视角，就无法有效地写出他们需要的作品，也无法在小说中塑造出令人信服的角色。

　　"贾伦，你的观点借鉴了琪拉的观点，现在它是一个更宏大的想法了。"

　　这句话肯定了两位学生的贡献，并指出相互借鉴可以学到更多的知识和拥有更宏大的想法。我们可以直接邀请学生参与其中，从而对此进行强调："有人能对这个想法进行补充吗？"有时，我们也会让学生在坚持自己新想法的同时，"深入挖掘"或"扩充提升"已有想法。我们会解释原因，并在稍后确认那些暂时未被采纳的想法，展示我们的包容和合理的态度。

　　如何措辞对互动的效果影响巨大，要么促进理解，要么破坏关系。我们鼓励孩子们在提出想法时要有逻辑，也鼓励他们注意观察，别人没做到的时候要要求他们这样做。我们向学生示范，提示他们该如何做，有时候还让他们把自己可能用到的表达罗列在图表中，手把手地教他们。我们常常用以下这些表达："你能解释一下吗？""你为什么这样想？""我同意，因为……""我尊重你的意见，但我不同意，因为……""我同意，并且……""我有证据。"，我们也会添加限定词，比如"有时候……"。他们必须将问题与个人分离，否则会导致对话成效不高、创造力不足。

　　一旦孩子们学会了使用建设性的语言，当讨论陷入僵局时，我们就可以提醒他们关注任务，这样他们已经掌握的技能就能派上用场。例如，凯西有一次提醒二、三年级的学生："你们知道如何一起思考。接下来你们可以做什么呢？"当学生们齐心协力完成了任务时，我们会请他们回顾取得成功的全过程。

"你们互相帮助，终于解决了这个问题。你们是怎么做到的？"

老师通过这个问题邀请学生完成一种特定的叙事——非英雄主义的叙事。在这个故事中，人们想办法合作解决了一个问题。在回顾合作过程时，这种方法能够让教师将学生置于涉及不同贡献类型的关系中，教师在叙述结束后能够审查和评估这些贡献的性质。这种叙事是民主式叙事，它提醒孩子们，很多时候他们无法单独完成某件事，集体的力量比个人的强大。对于重大的社会活动而言，这种叙事能力是非常重要的学习内容。孩子们正在学习如何使用和管理他们所处环境中的社会和智力资源。

"你们怎么知道对话是什么时候结束的呢？"

读书小组在讨论时陷入了混乱，讨论快要进行不下去了。教师走到小组前，没有责备他们，而是问他们哪里出了问题，学生们几乎同时报出了几个答案。她说："听起来你们在判断对话是否结束这个问题上遇到了困难。你们怎么知道对话是什么时候结束的呢？"问完她补充了一句："也许第二天可以将讨论过程录下来，思考并分析讨论的过程。"要知道，这些学生才读四年级。学生不仅要学习如何管理自己的认知，还要学习管理学习环境中的认知来源，因此，他们的对话质量不断提高。简单打个比方，为了自我提升，人们不仅要学习如何使用电脑，还要学习如何使用电脑网络。知道如何以符合道德标准且相互支持的方式看待和管理差异，教师才能这样开展教学，因此，这种教学方式能够推动民主的进步。

"重大决策通常会涉及很多部分，就像现在你们所面对的情形这样。你们要逐一处理每个部分。现在大家可以讨论了，看看按什么顺序进行。"

四年级的学生们要解剖过了孵化期的鸭蛋，他们刚刚花了点时间来讨论其中的伦理问题。实际上，讨论陷入了非常复杂的道德困境，堪比关于堕胎的辩论。这场讨论遇到了瓶颈。琼将这个决策问题分解成一系列独立的小决策，并在图表上解释了这个过程，还提供了清晰的操作范例。孩子们只需简单讨论每个小决策，就做出了几乎一致的判断。我参加过许多会议，很多成年人都不熟悉这样的社会智力管理方式。尽管这些技能不会出现在任何高风险测试中，但它们具有相当高的社会价值乃至经济价值。

作为成年人，我们必须能够运用"分布式思维"（即从多个不同的角度和来源中获取信息和见解），克服我们自身经验和逻辑的局限性。我们必须学会运用多样化的经验、视角和智力资源来解决民主生活中出现的问题，同时也推动我们自身的智力发展。孩子们若是熟练掌握了这些知识和行为方式，待他们成年后，无论公立部门还是私营企业，都必将青睐他们。彼得·圣吉（Peter Senge）描述了他所称的"学习型组织"，认为个人要学习，组织也应该要学习。然而，这两者并非毫无关系。

更重要的是，我们生活的国家需要学习型社会。正如詹姆斯·博瓦德（James Bovard）所说："民主并非两只狼和一只羊投票决定晚餐吃什么。"光有投票还不够，我们必须共同参与，为社会问题找到最有效的解决方案，同时要知道，分歧总会出现，但分歧可以给我们带来无法想象的可能性。我相信，有的孩子在小学毕业之前就已经获得了这种掌控感，并期望自己可以参与此类对话。教育的目标不仅仅是获得更多知识，更是要提高解决重大问题的能力，他们（和我们）在多大程度上认同这一点，我们就会在多大程度上实现这一目标，缩小教育与生活之间的差异。孩子们必须准备好就教育和生活进行高质量对话，要比我们这代人做得更好。这就是一个不断进步的社会的意义所在。

补充材料

依靠自己的力量是可以提升教学水平的，绝对没问题。我们可以录音，并借助本书提供的方式来了解我们在课堂上使用的语言。我们可以采访学生，倾听他们的想法，并思考这些内容出自哪些课堂对话。然而，建立属于自己的学习社区是一种更为有效的方式，同时也更令人愉快。老师和孩子们一样，也受到身边智力环境的影响，尽管维果茨基并没这么说过，但我相信他会同意我的说法，我称之为"约翰斯顿对维果茨基的推论"。本书中探讨的教师措辞及其背后的逻辑全部同等适用于教师和学生。像孩子一样，老师们必须对智力生活有所掌控，以便不断成长。因此，我们必须营造有效的学习社区，并使用本书中探讨的各个维度的语言表达方式。我们还要参与开放性任务，从而将我们的所思所想清晰地表达出来。因此，现在你已经了解了教师的课堂语言，让我们试着综合运用，搞清楚孩子们在说什么。

你读第 3 章时，曾仔细分析过一段与曼迪的对话摘要。我在附录 B 中收录了曼迪的一位同学和两个别班学生的对话摘要，请找几位同事一起阅读，并完成以下任务。

说明

阅读附录 B 中的四个迷你案例，并完成以下任务：

确定哪些学生来自同一个班级，并说明理由。逐行阅读，根据学生说的话，推测每位老师是如何讲话的。

每个班级中都有一名学生的阅读测试表现明显优于另一名学生（班级中的上四分位与下四分位）。再次判断哪位学生处在什么位置，并说明理由。

第 10 章

你以为你在跟谁说话呢

> 只要我们活着，我们就处于语言之中。你必须调
> 整你的语言表达。
>
> ——肯德里克·史密西曼（Kendrick Smithyman）

芭芭拉·金索沃（Babara Kingsolver）的短篇小说《高品质时间》（*Quality Time*）里提到了米丽娅姆的故事，她发现自己意外怀孕了。米丽娅姆向妹妹贾尼丝袒露心声："我还没有想好要怎样养育孩子呢。"贾尼丝闻言笑了起来。

贾尼丝觉得，在养育孩子这件事情上，深思熟虑后的刻意而为只占 3%，余下的 97% 都是在自然而然中进行的。"你想告诉他们什么并不重要，重要的是，他们时刻将你的行为看在眼里。无论是你让只买两样东西的女士先结账，还是你边按喇叭边大骂挡了你道的人，他们都看着呢。这可不是开玩笑

的，他们会有样学样的。"

　　教学跟养孩子一样，大多数时候属于潜移默化。我偏向于认为教学中有意而为的比例更高一些，尤其是在备课阶段，但如果我们在与孩子互动时还边想边说，就意味着我们没有给予他们足够的关注，态度也不真诚。我们讲话时如果还在琢磨着要怎么说，稍微停顿了一下（例如，"那……很好。"）孩子们立刻就会注意到。认为孩子们注意不到，那绝对严重低估了他们理解语言的能力。问题的关键在于，老师如何才能真诚、自如且一以贯之地恰当表达呢？

　　我之所以提到"一以贯之"，是因为当我们说某句话时，无论想要表达什么意思，人们都会根据当时的情况（他们理解的）、过去的经历、之前说过的话、之后说过的话等来理解它。因此，我们传达的关于关注、身份认同、主体性、社会情感生活、认识论、能力和民主生活的信息必须是相互关联、一以贯之的。我们不能仅仅依靠孤立的词汇、短语和句子，无论它们看起来多么精彩。我们不能将它们当作教学工具，仿佛它们是孤立的，可以随意拿起或放下。

　　我之所以提到"真诚"这个问题，是因为我们是作为人类在说话。我们的语言与身体密不可分，我们说话时，语气、语调、音高等都受情感、态度和关系的影响。如果身体和其他关键指标传达的信息相互矛盾，我们就无法有效地使用某种语言。如果我们对一个孩子生气、失望，或者认为他或她"有学习障碍"或"有学习天赋",哪怕我们嘴上不直说,言语之间仍会流露这些意思出来。金索沃说的"有样学样"可不只是我引用的这几个字。停顿、咳嗽、叹气、皱眉、姿势等,都是我们语言的一部分,同时也包括我们如何组织课堂、我们设计的活动、我们提供的资源等等。所有这些都是课堂话语的一部分,它们相互作用。孩子们正是在这样的整体情境中理解语言、理解自己以及理解彼此的。

当然,一致和真诚是同一事物的不同方面。我前文提到的那些教师,他们邀请学生针对有趣的话题发表意见,并对他们的发言由衷地感兴趣,这样,学生们就能形成有效的认识论。但这些老师不单是对学生们的想法感兴趣,他们也在学生到校的时间里,定期与学生进行个人接触,了解他们生活中重要的或者可能发生的事情。这样一来,学生比较容易找到进入同一学习空间的途径——产生主体间性。这些老师还设法让孩子们相互了解,从而为班级创造了一个富有成效的心理空间。

"你以为你在跟谁说话呢?"

这个例子比较粗鲁,但请让我以此来说明。我们与婴儿说话时,所用的语言十分可笑,与平时完全不同。我们会捏着声音,每句话都尽量短一点,还使用大量的疑问句、陈述句和指示语(比如"那是一本书")。我们不断重复,声调夸张,想方设法吸引他们的注意力。我们跟狗说话的方式与此非常相似——相似，但并不完全相同。我们和狗说的话更短，我们用陈述句而不用疑问句，我们重复同样的内容，没有一点变化，而且，我们也不使用指示语。我们对狗和婴儿之所以采用相似的说话方式，是因为我们认为他们都不专心且能力有限，我们想要引起他们的注意，向他们表达感情，并希望能控制他们的行为。但我们对狗说话的方式又与对婴儿的不同，因为我们不期望真的和狗对话，也并不奢望提高狗狗们认识事物和表达自己的能力。换句话说，我们对婴儿与对狗说话的方式有所不同，是因为我们知道他们是谁，也知道自己跟他们在做什么。

我们以八年级学生布里斯托尔为例。学年之初，她似乎对西蒙斯先生的态度"充满敌意"。西蒙斯老师觉得主要原因是"她真的不了解我"，因此，他特意找到她，和她讨论她正在阅读的书籍。很快，布里斯托尔的态度就发生了变化，进入教室时会微笑，也会主动跟老师聊自己读的书。如果西蒙斯先生认为她傲慢无礼或威胁到自己的权威，这种变化是不太可能发生的。西蒙斯先生坚持用这样的方式对待学生，这对非洲裔学生尤为重要。假设布里斯托尔是非洲裔，西蒙斯先生需要主动抵制对非洲裔的刻板印象，因为这种刻板印象会使他更容易认为她的行为具有攻击性、傲慢无礼，会更认为她应该为此受到惩罚。

你可能有过这样的经历：别人跟你说话的方式让你心生

不满，如"你以为你在跟谁说话呢"或"你当自己是谁"。在那种情况下，他们说话的方式已经说明了你在他们心中的形象。我们会注意到这一点，因为他们眼中的我们与我们自己心目中的自己是冲突的。我们在熟悉的环境中，对自己有一种深刻的认知，这是我们在长期与他人的互动中形成的。哪怕身在其中，我们通常对此也毫无察觉。师生如何互动，以及老师安排学生如何互动，其实反映了我们如何看待他们，并让他们有机会练习成为我们心目中的样子。我们提供给学生的，是詹姆斯·吉称之为"身份工具包"的东西。

让我举一个例子吧。几年前，我采访了一名四年级学生，名叫肖恩。采访的部分内容如下。

　　我：如果你在别的班级有一个笔友，你想了解他的阅读情况，你会问什么样的问题？

肖恩：可能会问他读什么阅读难度的书……

　　我：你的班里有不同类型的读者吗？

肖恩：有些人不好，有些人很好……

　　我：你喜欢在小组讨论时发表意见吗？

肖恩：不太喜欢。因为我觉得威尔逊老师讲得很好。她先提简单的问题，然后慢慢增加难度。

　　我：你在讨论时会与其他同学出现意见分歧吗？

肖恩：不会。因为他们通常都是对的。

上述对话准确记录了肖恩对自己的看法，他并非信口开河。拜课堂互动所赐，他形成了这样的看法。请注意，别人对他的定位，以及他现在对自己的定位，他都觉得很正常，没有问题。

值得一提的是，肖恩的老师并不刻薄，恰恰相反，她非常关心学生，非常喜欢肖恩，对他很关注，肖恩也喜欢她。当然，我们也能明确感受到老师说话时对学生阅读能力强弱的评价。由此可知，影响学生的不仅限于我们援引的名字或标签，或者对他们的关爱，而是我们无意中用语言对他们的定位，这让他们"有样学样"，以此来定位和伤害自己，正如我们在第5章中讨论的那样。我写这本书是为了探讨另一种可能性，即我们可以有意识地使用同样的原则，但反其道而行之——为孩子们提供手段和动力，使他们能够将自己塑造成有责任心的、有文化素养的公民。然而，我必须强调一点，本书中提到的那些教师大多数都不是刻意选择这样说话的，和芭芭拉·金索沃书中的角色贾尼丝判断的情况一样。他们之所以能够做到这一点，一部分来源于他们看待自己和学生的方式，同时也因为他们知道自己在做什么。

"你认为你在做什么？"

我们在研究过程中采访了一位老师。她告诉我们，学生要在课堂上朗读，"这样我才能确定他们的确读了学习内容……

虽然从某些方面来说对高水平学生不公平，因为他们本可以学得更深入"。提到读书讨论，她说："很少有人能真正保持参与……所以我不经常采用这种方式……我主持讨论时，他们表现不错。但当他们独立思考或做决策时，表现得就没那么好了。"从这番话中很容易听出帕姆老师对自己学生的看法，她不信任他们，认为他们无法独立阅读或合理决策，不具备沟通交流能力。这些学生的能力也有高低之分，那些"善于听指示、遵循指示……贯彻并做好工作"的学生更能干。关于学生对书籍的不同理解，她评论道："我更关心编写和修订教学内容，并确保能够向学生解释清楚这些内容。……他们对问题或解释非常容易接受……不经常质疑。"帕姆对她的学生保持着老师的身份和距离。她明确区分了"我"和"他们"，而不用集体性的"我们"。她拥有知识，并有能力传授给学生，也能确保自己这样做。她是唯一的权威，她的职责是保证学生正确掌握知识。

换句话说，谈到教学时，帕姆清楚地表达了她的说话对象、她自己的身份以及她所从事的教学活动的性质。她在与学生的互动中传达了这些信息。查阅前文中的课堂记录示例可以证明。帕姆的学生喜欢她。在帕姆的教学助力之下，他们在标准化测试中的表现优于平均水平。然而，作为有文化素养的个体，他们对读写素养、自我认知和彼此之间的了解等方面——这些概念不在标准化测试中体现——与其他课堂的某些学生非常不同。这种差异源于帕姆对学生使用的语言，以及她真诚而一以贯之的说话风格。出于对自我和学生的看法，以及对所做事情的认知，她选择了这样和学生说话。

　　观点不同的教师使用的语言也不同，我们以斯泰西老师为例。斯泰西的目标是让她的学生成为"独立思考者"，能够"质疑每件事"。她坚持让孩子们讨论书中的想法，并希望他们彼此尊重，知道"意见不同很正常，但我们要保持尊重"。对她来说，师生分享课堂权威很重要，这样学生才能在自我管理、学习和思考方面变得独立。她希望她的学生能够独立，并"参与决策"，并且"反思……什么是有效的，什么是无效的……我们可以做些什么来改变那些无效的事情"。斯泰西希望她的学生把阅读视为"带自己去另一个地方的机会，思考的机会……对自己作为思考者的承诺"。在她的课堂上，一个成功的读者以读者的眼光反思阅读，然后以作者的眼光看待写作意图——作者的意图是什么？为什么？

　　听斯泰西谈论自己的学生，以及自己和学生一起做的事情，我们可以感受到她对学生和教学完全不同的态度。她不把学生分为三六九等，也不认为教学是知识的传递。识字和学习本身并不是目的，识字和学习的目的是为了做事。她明确表示，学生们必须对自己的学习和知识构建负责，她的工作只是帮助他们实现这个目标。她不以好坏来描述学生，而是以兴趣来描述他们。

这样的想法是否体现在她的教学互动中呢？当然会体现。前几章中的几个例子就来自斯泰西的课堂。当她说"朋友们，作为作家，这就是你们必须做的决定"时，她相信这些真的是作家所做的事情，并且她把自己的课堂交流对象当作作家。这些差异会反映在她的学生的自我认知中吗？附录 B 中有四个案例，看看你能否判断哪些来自斯泰西的课堂，哪些来自帕姆的课堂。记得与同事们一起做，并相互说明理由。

思维方式：互动方式

我的观点是，这些老师对自己是谁、学生是谁以及他们认为自己在做什么有非常不同的看法，而这些看法强烈影响着他们下意识的语言使用。了解一下一年级老师黛比·米勒的情况。上完一天的学之后，黛比对学生们说："谢谢你们来上学。"这可能是她事先计划好的说法，但学生们会根据她在课堂上的其他表达来判断她的道别是否真诚。不过，布伦丹在与全班分享自己读到的一本非虚构读物时，黛比与他之间的互动却是没法预先计划好的。

黛　比：（对布伦丹说）我可以告诉大家你做的另一件非
　　　　常出色的事吗？

　　　　（对全班说）布伦丹以前读过这本书，这次
　　　　他又选了这本书来读，对吧？然而，他这次读的时候才发现："我以前从不知道这是首诗。"第一次读的时候，他全副心思都是学习和弄懂单词，第二次和第三次读的时候也是如此。对吗，布伦丹？但是这次，他有了一个重大发现，这实际上是……（学生们补充说"诗"），谁能想到一本非虚构读物其实可以是诗？他今天学到了这一点，这要归功于以前读过。

布伦丹：而米勒老师之前也不知道（喜笑颜开）。

黛　比：我以前确实不知道，是你让我知道的，我记在笔记本上了。谢谢你，布伦丹。

说到这里，我猜你已经开始分析自己与学生的互动了，但如果我对这段对话的解释引发了你的兴趣，请参阅附录 C。在互动或交流中，认识论上的一致性是最值得注意的一点。黛比没法在这次互动以及一天中许多类似的互动中弄虚作假，因为它们是即兴发生的，没有时间来计划，而且这样的对话还不断重现。她是怎么做到的呢？

黛比在一次采访中解释了她在准备阅读讨论时所做的事情：

我并不太关心他们说了什么，尽管我也感兴趣，但我真正感兴趣的是，当你与别人交流时，作为学习者，你注意到了什么？……我的意思是，我想更进一步……你能从别人那里学

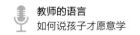

到什么新想法吗？你发现了什么或学到了什么以前不知道的东西吗？……

我要求他们面对面地讨论，只是为了让他们有更多经验，真正了解自己的已知，并能够以某种别人能理解的方式表达出来，然后在彼此的思维基础上进行构建。所以这就是……你知道的，我认为这是更宏大的想法。

她认为自己做的事情是要让孩子们认识到自己有话要说，也认识到与他人互动对自己的成长有益处，无论是出于对世界的了解，还是出于对自己作为学习者的了解，还是他们可以接受的想法，都是有益的。她希望他们心里记得要这样对待彼此。她希望他们意识到自己是学习者，也意识到自己如何真正办成了正在做的事情。她说的话基本上就是对这些目标的反映。如果我们想改变语言表达方式，首先要改变我们的观点。

改变我们的语言并保持头脑清醒

尽管深层信念才能让老师们的表现真诚且保持一致，我却认为改变课堂互动可以从改变语言开始，并以语言改变撬动信念改变，书中倡导的语言表达方式通常会在课堂动态中导致其他方面的变化。简单举几个例子："你是怎么做到的？""还有其他方法吗""有人注意到……吗？"这些都能有效开启对话，并不复杂。当然，在向学生反馈他们表现不错时，老师可以让他们看到自己行为的良好效果，同时不要再额外提出其他要求。正向反馈总归享有最高优先级，因此我们必须刻意调整措辞，并明确告诉学生，我们对他们的发言感兴趣。你做过第 7 章末尾的练习吗？我希望你发现确实如此。

　　然而，语言表达很难出现重大改变，除非还有其他相应的支持。最重要的是，除非孩子们在学校所做的事情是有意义的，也就是说，与他们当前的生活和目标相关，否则我们很容易回到无效的语言上去。其实，书中引用了老师们的许多表达方式，都可以算作让学习产生意义的载体，也使学生对自己和彼此产生意义。维果茨基曾说过，有了"意义"，孩子们才能有效互动，才能整合思想、行动和情感，从而对学习胸有成竹。没有有意义的活动，儿童无法发展内部控制能力。然而，在考试的压力和繁重的课程下，我们往往轻易放弃了有意义的活动，还觉得工作不过是单一的认知技能培训。我们也很容易就忘记了一件事，那就是个体有必要作为一个整体参与到集体活动中去，实现社会和个人层面的意义，并获得情感上的满足。

　　要使教学有意义，教孩子们识字关乎当下以及周遭，关乎孩子们如何利用识字来满足自己的兴趣。然而，对我们老师来说，意义同样关乎对社会和孩子的希望——我们希望为孩子们创造一个什么样的社会，我们希望孩子们成为怎样的人。一个国家在多大程度上能成为一个不断进步的社会，这取决于孩子们对自己（以及未来的自己）的理解、他们的认知方式、他们心目中的正常人际关系以及他们头脑中的自我叙事。我们可以把测试和其他让人分心的因素记在心里，但在和学生即时互动时，我们必须保持头脑清醒。有一次，在特蕾西面对学生突如其来的对立态度和激动情绪时，她根本来不及思考就对他说：

"感觉很受伤，如果你不处理这个情绪，你……你即使走开了也会感到愤怒，我不想让你这样……你知道……你并不是故意要伤害他的感情，你当时很生气而已。我只想让你理解为什么他会那样回应，而为什么你又会这样回应……我不想否定你的感受……我理解你的感受……然后我们都会更好地理解彼此。"

特蕾西不仅将目标锁定在眼前，她想得更长远。也许应该这样说，特蕾西在处理当前的具体情况时，不仅仅局限于眼前的问题，而是将其放在一个更大的背景或框架中来考虑。这个更大的框架包括她的活动和目标结构，这些结构渗透到她的语言选择中，影响她与他人的交流方式。她在应对发脾气的学生时，用到了她在识字教学中所持有的原则。在她的信念中，理解自己首先需要理解他人、理解我们和他人之间的异同，还有我们的目标、想法和感受。反过来，这需要我们主动去理解他人，这样我们才能够在自己身上看到他人，也在他人身上看到自己。按照这种思路，我们越是能推己及人，越是在差异中看到自我发展的潜力，我们的批判性读写素养就越高，并且，正如玛丽·罗斯·奥赖利（Mary Rose O'Reilly）所言，我们就越不会互相伤害。事实上，特蕾西相信她的一部分工作正是指导孩子们以一种能够建立积极关系和自我认同的方式相互交流。这不仅仅是为了建立一个充满关爱的课堂学习社区——尽管这也是其中的一个方面，更重要的是为了他们的整个人生。

罗伯特·扬（Robert Young）认为，对于任何关于人类学习和探究的观点，我们都有权问："其中蕴含着什么样的人性观？"我希望你读了本章提供的对比性例子之后，已经开始这么做了。我也希望你已经相信，探索教学语言中的人性观不仅令人着迷，而且是教师的责任所在。我知道我所支持的人性观；我支持玛丽·罗斯·奥赖利、琼、黛比、特蕾西和许多书中提到的其他老师，他们为了我们共同生活的社会在努力。"共同生活"不仅指互不伤害，还包括理解生活即成长。一个人若是在智力和社会性上未能成长，那他并没有生活，只是生存。在我看来，这些课堂发言的真正美妙之处在于，他们让我们认识到，广义的社会性教学并不需要牺牲狭义的学术性目标，鱼和熊掌不仅可以兼得，而且两者的味道都很鲜美。

附录 A

小字条款

> 阅读小字条款，人们也许能学到知识，但通常无法获得经验。
>
> ——韦斯塔·M. 凯利（Vesta M. Kelly）

写书需要尽快切入正题，因此我做了一些取舍，关于语言表达的一些细节被我藏到了地毯下面。但你既然选择阅读附录，就相当于掀开了地毯，因此我只能假设你对这些细节感兴趣了。比起书中其他部分的教师语言，这些内容未经调整，略显凌乱。在某种程度上，你可以将这个附录视为小字条款，包括"某些限制适用"和"受限区域无效"等内容。

作为交流的工具，语言极其复杂。在本书的诸多地方，我似乎赋予了具体的词汇和短语以特别的意义，然而词汇本身其实并无意义。只有在特定的社会背景下，它们才有意义，前文或者后文都会改变其含义。例如，评价一个学生的作业"不错"，又对下一个学生说"太棒了"，"不错"的含义就会发生变化。

即使沉默也有若干种不同的解读。第 8 章中提到的"稍作停顿"看似只有一种意思，但其实它意味着什么取决于它出现在对话的什么地方以及有哪些人参与对话。想象一下：在某个对话中，沉默意味着"我才不相信你呢"；在另一个对话中，它表示"你赢了"；再换一个对话，意思又变成"你胆子不小啊"；再换一个，它可能意味着"我对你很失望"。每种沉默都会伴随不同的身体姿态和面部表情。根据房间里在场的人及其社会地位，沉默给人的感觉不尽相同。换句话说，要理解别人说的话，我们必须对情境做出一系列假设——这个人认为自己是谁，认为我们是谁，这是什么类型的互动，等等。

双方对意义的心领神会（交流）不仅通过语言来实现，还通过表情、手势、声音语调和空间安排等一系列其他文化工具来实现。我们每个人都随身携带着过往互动中的经历，皮埃尔·布尔迪厄（Pierre Bourdieu）称之为"习性"。对不同文化历史背景和不同情境下的人来说，沉默带来不同的感受，也即意味着不同的事情。语言的意义也同样依赖于人际关系，倘若信任和尊重，本书中的许多例子会变得相当不可预测。教学本质上是一个过程，吸引人们逐渐进入文化、社交和情感上的胜境。教师从孩子们的言行中感觉到趣味，就能通过自己的语言

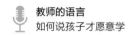
组织出一个赞赏性的叙事，支持课堂学习，协调复杂的文化背景。倾听和叙述创造了必要的"认可氛围"和信任。

文化复杂性

关于成人和孩子的互动，孩子们常常做出视角特别不同的假设。例如，习惯于直接表达的孩子在听到委婉请求时会感到疑惑，比如"你愿意现在打开书吗"。关于男孩和女孩应该如何互动，他们有不同的期待。在社交行为方面，不同地区也存在差异。例如，人们在确定对方是否说完之前会稍作等待，但等待时间在纽约市内要比纽约郊区短得多。

对课堂上的（也许非常多的）文化差异保持敏感非常必要，这样，孩子们的误会才不会引发我们的不当反应。或许我们应该牢记一点：把沟通中出现的问题视为误会，而不是故意违抗，是更合适的做法。尽管本书中很少提到教学中的文化和语言差异，但我所推崇的理论立场具备更强的文化渗透性，同时也有更广泛的实用性。

内容交叉、共同主题和其他调整

既然话已经摊开说了，我不妨告诉你，第 4 章关于掌控感和叙事方式这一部分的内容也比较主观。例如，按我的写法，好像只存在一种叙事。当然不是这样，叙事有很多种，个人叙事是有阶层、性别和文化上的差异的。当孩子们的叙事不符合我们的预期时，就会产生误会。我们需要调整心态，适应这些文化差异，也许可以借助当地的文化代表的帮助，比如请家长来帮助我们。但根据我的想法，不同的叙事方式同样重要，这是导致不平等的根源。例如，在有些文化中，男孩和女孩不可能受到同样的叙事教育。到了学校，我们就会试着教他们以全新视角来看待已有的叙事方式，帮助他们了解新的可能，心理咨询也包括这部分内容。这看起来像是在干扰人们的文化身份，事实上的确构成了干扰。

我对掌控感这个概念也进行了类似的处理。有人把掌控感称为自我效能感，也有叫控制感或效能感的。这些概念并不完全相同，但在我看来，它们的共同之处足够多，完全可以在实践中混用。我对掌控感和叙事方式的一些建议来源于归因理论，这个领域的研究关注人们对成功和失败经验的归因。尽管这些领域各有不同，但它们之间有显著的交集，并且都在关注同一件事情，即都在探讨孩子们如何通过故事来理解他们的生活经历。

事实上，不同研究领域之间存在着大量交集。尽管我将教师的语言表达分拆到不同的章节中，以此强调不同的维度，但显著交叉的类别和结果并不会让人感到惊讶。我们可以从对年幼儿童的研究中看到这一点。例如，亲子互动研究告诉我们，儿童拥有比较强的掌控感，通常说明他们成长于重视独立性的家庭，他们的家庭氛围通常温暖有爱。而掌控感较弱的儿童通常来自喜欢批评或惩罚的家庭。这类结论与本书的讨论相符，当不同领域的研究者得出类似结论时，这些交集与一致性让人更有信心。

最后，我想稍微解释一下"话语"这个术语。本书中不时提到的"话语"指更广义上的交流，谈话只是其中一个方面。詹姆斯·吉的定义最清晰，可能也最广为引用。

话语是存在于世界的方式，或是融合了词语、行动、价值观、信仰、态度和社会身份的一种生活形式，同时还包括手势、眼神、身体姿势和衣着。话语是一套身份组件，提供了适合的装扮、行为、谈话及书写的指导，以便让人们承担特定的、能被他人识别的社会角色。

你会发现，关于话语，我在整本书中关注了多个方面，也忽略了一些方面。第 10 章讨论了谈话、价值观、信仰、态度和身份是如何结合在一起的，所以我建议你阅读那一章，以了解更多细节。

附录 B

四个四年级学生的案例

这四个"案例"改编自"读写认知论的教和学"。

曼迪

曼迪说，好作家"写得快。老师让我们写一个故事时，她十分钟不到就写好了"。曼迪从不和其他学生讨论他们的写作。曼迪说："我不想伤害他们的感情，因为有时当有人走过来说，'哦，你写得好糟糕'之类的话。"曼迪认为他们不应该给其他同学出主意，"因为那样，你脑子里的想法就给他们了，然后他们写出来的故事可能和你自己写的一样"。

她说，好读者都是"安安静静、认真听讲的孩子……他们挑战自己，阅读章节书"。当被问及如何评价自己作为读者或作家的表现时，她表示不理解这个问题，因为她不知道如何了解其他孩子在这些方面的表现。

当被问及是否在课堂上进行研究时，她说她不确定什么是研究，我向她解释清楚后，她才明白他们没有进行过研究。曼迪希望她的成绩单上能够有"写作成绩优秀"或"曼迪表现良好，对同学很友好"之类的评语。为了帮助同学成为更好的读者，她会告诉他们："不要胡闹，因为越是胡闹，你的名字就越有可能被记到黑板上，并被打上叉……如果他们不认识那个词，不知道怎么拼读，或者不知道什么意思，查字典就好了。"

在读书讨论时，曼迪没有将不同的书籍联系起来，也没有将书上的内容与个人经历联系起来。

史蒂文

史蒂文把自己视为作家，他认为自己和他人的经历都非常有价值，并在写作时充分利用这些经历，揣摩读者，构思角色。他的其中一篇作品花了三周时间完成，有时候写得"非常痛苦"，说的时候他带着一丝喜悦。在一篇写作的反思中，他提到："但后来我问自己，在哪里设置一个悬念，才能既吸引他们继续阅读，又能作为恰当的停顿？""我盯着这里看，心想，如何才能表达出这个雕像对我的重要性？呃，我是说，这个奖品。如何才能凸显出雕像作为'奖品'的象征意义？我是把它视作奖品来写的，但其实写的是一个雕像。"

史蒂文在写作方面有两个优势，他能"很好地表达自己

附录 B　四个四年级学生的案例

的感受"，也能"真正说出自己想说的东西"，但有时他也会"大脑空空地盯着白纸发呆"。

他在调研机场种族隔离时，去了两个不同的图书馆，还上网查了资料，并联系了当地的机场。他从没遇到过信息冲突的情况，但万一哪天遇到了，他说他会"将不同的观点并置，看看不同作者之间的想法有多么不同，所以我会把它们放在一起……看看我能得出什么结论……或者试着平衡它们"。

当被问到班上是否有同学擅长写作时，他说："就搞笑来说，杰西真的很会搞笑，他写了很多幻想类的东西……罗恩写得不错……他的绘画比写作好一点……艾米莉在她的悬疑小说中提供了细节，描述了角色，那是一本非常好的悬疑小说，因为它有一个重点，并且有读者需要去弄明白的东西。"他对不同体裁作品的结构了解颇深——现实主义小说、幻想小说、悬疑小说和传记等。他评论自己的作品时说："跟大多数悬疑小说不同，我的作品以悲伤结尾。"

他经常识别出书与书之间的关联，对每一本书都有自己独特的欣赏标准。

亨利

亨利在描述自己的写作情况时，称自己"有代表性。我不会……一篇定稿完成之后立马开始写另一篇，我写东西要花很多时间。我经常做记录，比如和朋友一起去海滩玩，或者我可以借鉴的内容"。他最近学到的内容是"如何让写作更有条理"，接下来他想学习如何写长一点的故事，因为"我有很多内容可写，我知道我可以写得更多"。

他说，"与朋友的讨论给了我一些想法，可以放进去；或者他们觉得不错，细节丰富，内容饱满，我可以拿给老师看"。被问及班上是否有不同类型的读者时，他说："像史蒂夫，他读的书比别人多。还有丹，他埋头读书时，你根本没法让他抬起头来，比如你喊他，'嘿，丹，跟你说件事。'他的眼睛是绝对不会离开那本书的。还有珍妮，她像史蒂夫一样，读的书很难，读的速度很快。以及普里西拉，她真的很喜欢读推理小说。还有读长篇小说的，比如南茜·德鲁。"亨利还指出，罗杰跟他一样，也喜欢"贝利学校的孩子们"系列。他会通过提问来了解笔友的阅读情况："你喜欢哪种书？你最喜欢的作者是谁？你现在在读什么书？……你最近读过什么好书吗？"

被问及如何帮助同学们成为更好的读者时，他回答说："如果他们正在读的书对他们来说太难，（告诉他们）不要过于勉强自己，也许几个月之后再读就好了。把它们放到一边，读一些适合自己水平的书。"

亨利喜欢主动参与课堂上的读书讨论。"就像霍普金斯夫人说的，在文学小组讨论时，我总是有一些与书相关的内容要说。"他发现其他学生对读书的体验和看法很有趣，除非"他们谈论一些你不用了解的细枝末节"。亨利对与他人意见不一致感觉坦然自在，他还提到自己某次在一个具体场合对同学说了什么话。他喜欢阅读，经常发现书籍之间的共通之处。他还认为班上有些同学非常擅长写作，他举了个例子："埃米莉亚向大家朗读她写的作品……她写得真长啊，我想知道后面的内容。一旦你进入情节之中，你就想知道接下来会发生什么。他们的悬疑小说是真正的悬疑小说。"商业小说就不一定了，"比如书的封面上写着'火车车厢儿童悬疑系列'，标榜自己是关于失踪物品的悬疑小说……然而，我无法从中感到悬疑，它半分悬疑感都给不了你"。

他在研究一个话题时，不同的书里提供的信息相互矛盾，他说其中一个作者"可能没有做好功课"。对这种情况，他的策略是查询更多资料。

米莉

米莉选择阅读《超级笨蛋》(*Superfudge*)，她说："因为这本书的词汇有点……嗯……挑战性。我们通常要到五年级才读这本书，但我想试试。"她喜欢现实主义小说，但她并没有用这个术语。她认为作为读者，自己"在阅读方面并不完美，但也不错。我经常理解错误，不过出了错也没关系，你会从错误中学习。"被问及班上是否有不同类型的读者时，她使用了从

"好"到"不好"的连续概念和等级："嗯，他们比我读得更好，因为他们读书时，不会像我那样经常理解错误……他们的水平比我高。"她说自己的阅读能力有所变化："因为我读的书越来越多，故事长度比去年要长。"她接下来想学习的是"比章节书更难的书籍，这样我就可以达到更高的水平了"。她喜欢在讨论中发表意见，比如在全班讨论《石狐》（Stone Fox）的作者是否应该安排死亡的结局时。但她从不反对老师的意见。

她自己心目中的最佳作品花了 15 ~ 20 分钟完成，她之所以认定它是最佳作品，是因为"我们必须通过写作传递责任，我做到了"。当被问及她哪些地方写得好时，她说："人们说我写得很好，因为我写的是我想说的话，而不是别人让我写的话。我不照搬别人的想法，而是自己思考，然后写下来。"她最近学到的关于写作的事情是："如果你抄袭别人的作品，那意味着你不是……你表现得不像一个真正的作家。如果你是一个真正的作家，你会探究自己的想法，编写自己的故事。"她的朋友也很会写作，因为她"会举例子，故事写得很长"。

为了帮助某人写得更好，她说："如果他们需要帮助，比如在拼写……在写草体字方面，我可以帮他们，因为我有练习纸，那种拼写练习纸，他们可以描摹……然后他们可以练习。"当被问及他们班是否在课堂上进行研究时，她说："我们的研究类似于，碰到一个不认识的单词，就去查字典。"她从未遇到过信息相互矛盾的情况。

附录 C

分析黛比·米勒与班级及布伦丹的互动

黛比·米勒的发言	分析
我可以告诉大家你做的另一件非常出色的事吗？	分享学生的技能和知识前先征求他的同意，从而维护他的威信。"非常出色"指向的也许是一个不太有用的固定特征，类似"优秀"，但这里它与所使用的策略相关联，使得运用策略变得明智
布伦丹以前读过这本书，这次他又选了这本书来读	书籍是可以反复读的
对吧？	向"专家"求证，从他的角度确认故事的准确性，同时让全班同学感受布伦丹的影响力
然而，他这次读的时候才发现："我以前从不知道这是首诗。"	反复阅读会带来新发现，部分原因是关注点的变化。一个值得关注的内容是诗歌这种形式

（续）

黛比·米勒的发言	分析
第一次读的时候，他全副心思都是学习和弄懂单词，第二次和第三次读的时候也是如此	反复多次阅读可能很有用。注意，在阅读时大脑中发生了什么事情
对吗，布伦丹？	向"专家"求证，从他的角度确认故事的准确性，同时让全班同学感受布伦丹的影响力
但是这次，他有了一个重大发现，这实际上是……（"诗"）	一定要注意阅读中的意外之处，因为它们通常是重要的、全新的信息。此时可以稍作停顿，请孩子们一起重新思考讨论
谁能想到一本非虚构读物其实可以是诗？	再次提醒学生关注意外之处及其意义，包括当下的收获和未来的可能性
他今天学到了这一点，这要归功于以前读过	温故而知新
（布伦丹说）米勒老师以前也不知道（喜笑颜开）	布伦丹意识到自己的影响力、掌控力，以及随之而来的自豪感。他理解了双向学习的观念以及分布式认知的原则
我以前确实不知道，是你让我知道的	肯定了学生的学习成功以及他的教学效果，并且重申了老师并非全知全能。
我记在笔记本上了	再次肯定学生的影响力
谢谢你，布伦丹	老师再一次表达对学生的尊重，体现了老师对学习的重视